Análise comentada
Sermão do Mandato
de Padre Antônio Vieira

Professor Jorge Miguel

59
**Questões
com Respostas**

www.dvseditora.com.br
São Paulo, 2018

Análise comentada
Sermão do Mandato
de Padre Antônio Vieira

Copyright© DVS Editora 2018
Todos os direitos para a língua portuguesa reservados pela editora.

Nenhuma parte dessa publicação poderá ser reproduzida, guardada pelo sistema "retrieval" ou transmitida de qualquer modo ou por qualquer outro meio, seja este eletrônico, mecânico, de fotocópia, de gravação, ou outros, sem prévia autorização, por escrito, da editora.

Produção Gráfica, Diagramação: Spazio Publicidade e Propaganda

Dados Internacionais de Catalogação na Publicação (CIP)
(Câmara Brasileira do Livro, SP, Brasil)

Miguel, Jorge
  Análise comentada : sermão do sandato de Padre Antônio Vieira / professor Jorge Miguel. -- São Paulo : DVS Editora, 2018.

  Bibliografia
  "59 questões com respostas"
  ISBN 978-85-8289-182-7

  1. Vieira, Antonio, 1608-1697 - Crítica e interpretação 2. Vieira, Antônio, 1608-1697 - Sermões - Crítica e interpretação 3. Vieira, Antônio, 1608-1697. Sermão do Mandato I. Título.

18-18134   CDD-869.5

Índices para catálogo sistemático:

1. Vieira, Antônio : Sermões : Literatura portuguesa : Século 17 : Análise comentada   869.5

Iolanda Rodrigues Biode - Bibliotecária - CRB-8/10014

À Dra. Magda Nutti Oliveira Giannattasio. Profissional exemplar, amiga fiel, aperfeiçoa meu trabalho, não só pela sua contribuição intelectual como também pelo o que me revelou a mim de mim mesmo. A ela dedico essa Obra.

O Autor

Índice

Introdução 1

Padre Antônio Vieira 6

Sermão do Mandato 10

Sermão do Mandato pregado em Lisboa,
no Hospital Real, em 1943. 11

   Texto I (Ano 1643) 12

      A Título de Intertextualidade – Poema à mãe – Eugênio Andrade 15

   Texto II (Ano 1643) 21

      A Título de Intertextualidade – Alma minha gentil,
      que te partiste – Camões 23

   Texto III (Ano 1643) 26

      A Título de Intertextualidade – Sete anos de pastor Jacó servia –
      Camões 29

   Texto IV (Ano 1643) 32

      A Título de Intertextualidade – Dobrada à moda do Porto –
      Álvaro de Campos 34

   Texto V (Ano 1643) 37

      A Título de Intertextualidade – Quando o sol encoberta
      vai se pondo – Camões 39

   Texto VI (Ano 1643) 45

      A Título de Intertextualidade – Estela e Nise – Alvarenga Peixoto 47

Sermão do Mandato pregado na Capela Real,
ano de 1645. 49

   Texto I (Ano 1645) 50

      A Título de Intertextualidade – Tanto de meu estado
      me acho incerto – Camões 53

Texto II (Ano 1645)..56
   A Título de Intertextualidade – Vem sentar-te comigo,
   Lídia, à beira do rio – Ricardo Reis..........................58

Texto III (Ano 1645)...67
   A Título de Intertextualidade – Erros meus,
   má fortuna, amor ardente – Camões..........................70

Texto IV (Ano 1645)..73
   A Título de Intertextualidade – Cegueira de Amor – Nicolau Tolentino....78

Texto V (Ano 1645)...84
   A título de Intertextualidade – O amor materno – Erich Fromm...........85

Texto VI (Ano 1645)..88
   A Título de Intertextualidade – Não tenhas nada nas mãos –
   Ricardo Reis..89

Texto VII (Ano 1645)...92
   A Título de Intertextualidade – Resposta na Sombra – Olavo Bilac......96

Leitura Complementar 98

Bibliografia 102

Respostas às Questões e Crédito 104

Introdução

O século XVII é diferente do anterior. Novos fatos mudam a concepção do homem perante a vida: a fundação da Companhia de Jesus em 1540; as decisões do Concílio de Trento, de 1545 a 1563; a Contra-Reforma, de cujo ideal Portugal foi um dos mais árduos defensores. A Contra-Reforma tenta conciliar o homem renascentista com a tradição religiosa medieval. A Literatura, como as artes em geral, vê-se compromissada com os ideais da ordem fundada por Santo Inácio de Loyola. Agora o homem já não canta assim: "Mais do que prometia a força humana"; "Aqueles que por obras valorosas se vão da lei da morte libertando"; "A quem Netuno e Marte obedeceram". O século XVII vê o homem escrever assim: "Pequei, Senhor, mas não porque hei pecado"; "A vós correndo vou, braços sagrados – para ficar unido, atado e firme". Volta-se, então, o homem para o céu, sem perder as conquistas da terra. Neste conflito viveu o homem barroco. Com referência à forma, há um culto excessivo. Os escritores requintam as frases, trabalhando-as com exagero de adornos. Para o Barroco, ser simples é indício de pobreza. Daí, então, a fraseologia excêntrica. Denomina-se Cultismo a maneira de escrever com metáforas, hipérboles, antíteses, perífrases, inversões na ordem das palavras, trocadilhos. Denomina-se Conceptismo o uso de expressões sutis, de alusões indecisas, de conceitos com base no silogismo, processo racional de se demonstrar uma asserção. Lança-se a premissa maior, seguida da demonstração de que é verdadeira; segue-se a premissa menor, também com a mesma preocupação em se provar sua veracidade; no final, a conclusão, ainda que extravagante ou paradoxal. Com o Barroco, esta ânsia de efeito formal atingiu o auge. Pouco lhe importava a linguagem sóbria, desafetada, cristalina. O valor literário era proporcional ao número de frases ambíguas ou de figuras de pensamento. Fazia-se um excelente trocadilho e tinha-se garantida a glória lírica. Com Marini, na Itália, o Barroco recebeu o nome de Marinismo; na França, Preciosismo; na Inglaterra, Eufuísmo; em Portugal, Gongorismo de Luís de Góngora. No Brasil, fora da literatura, é forçoso citar Aleijadinho e as composições sacras de Lobo de Mesquita e Marcos Coelho Neto.

Fora do Brasil e da literatura, destacam-se Tintoreto, El Greco, Velásquez, Kibera, Rembrandt e Poussin na pintura, e Bach na música.
Assim, o Barroco pode ser resumido nas seguintes características:

1. Preocupação com a transitoriedade da vida.
2. Linguagem excessivamente ornada: metáforas, hipérboles, alegorias etc.
3. Preocupação constante com a morte, tal qual na Idade Média.
4. Preocupação em fazer o homem trilhar os esquecidos caminhos do espiritualismo.
5. Religiosidade
6. Gosto pelo grandioso, sangrento, espetáculo trágico.
7. Cultismo e Conceptismo.
8. Paradoxo; polos contrários; antíteses.
9. Conflito entre o profano e o divino.

Publicamos agora um trecho do *Sermão do Mandato do Padre Antônio Vieira*, para o leitor ter uma visão precisa do estilo barroco em prosa. Leia atentamente e observe os nove itens acima – todos eles tomando conta da obra.

....

A segunda ignorância que tira o merecimento ao amor, é não conhecer quem ama a quem ama. Quantas coisas há no mundo muito amadas, que, se as conhecera quem as ama, haviam de ser muito aborrecidas! Graças logo ao engano e não ao amor. Serviu Jacó os primeiros sete anos a Labão, e ao cabo deles, em vez de lhe darem a Raquel, deram-lhe a Lia. Ah, enganado pastor e mais enganado amante! Se perguntarmos à imaginação de Jacó por quem servia, responderá que por Raquel. Mas se fizermos a mesma pergunta a Labão, que sabe o que é, e o que há de ser, dirá com toda a certeza que serve por Lia. E assim foi. Servis por quem servis, não servis por quem cuidais. Cuidai que os vossos trabalhos e os vossos desvelos são por Raquel, a amada, e trabalhais e desvelai-vos por Lia, a aborrecida. Se Jacó soubera que servia por Lia, não servia sete anos nem sete dias. Serviu logo ao engano, e não ao amor, porque serviu para quem não amava. Oh quantas vezes se representa esta história no teatro do coração humano, e não com diversas figuras, se não na mesma! A mesma que na imaginação é Raquel, na realidade é Lia; e não é Labão o que engana Jacó, senão Jacó o que se engana a si mesmo. Não assim o divino amante, Cristo. Não serviu por Lia debaixo da imaginação de Raquel, mas amava a Lia conhecida por Lia. Nem a ignorância lhe roubou o merecimento ao amor, nem o engano lhe trocou o objeto ao trabalho. Amou e padeceu por todos, e por cada um, não como era bem que eles fossem, senão assim como eram. Pelo inimigo, sabendo que era inimigo; pelo ingrato, sabendo que era ingrato; e pelo traidor, "sabendo que era traidor"... Deste discurso se segue uma conclusão tão certa como ignorada; é que os homens não amam aquilo que cuidam que amam. Por quê? Ou porque o que amam não é o que cuidam; ou porque amam o que verdadeiramente não há. Quem estima vidros, cuidando que são diamantes, diamantes estima e não vidros; quem ama defeitos, cuidando que são perfeições, perfeições ama e não defeitos. Cuidais que amais diamantes de firmeza, e amais vidros de fragilidade; cuidais que amais perfeições angélicas, e amais imperfeições humanas. Logo, os homens não amam o que cuidam que amam. Donde também se segue que amam o que verdadeiramente não há; porque amam as coisas, não como são, senão como as imaginam; e o que se imagina, e não é, não o há no Mundo. Não assim o amor de Cristo, sábio sem engano...

....

Observe você o seguinte:

1. Que, de fato, o autor se preocupa com a transitoriedade da vida, valorizando o amor de Cristo – eterno e fiel. O amor dos homens – tal qual o de Jacó – é enganoso. Só o amor de Cristo é verdadeiro.
2. A frase é excessivamente ornada, cheia de metáforas – antíteses, comparações, alegorias: vidros-diamantes; defeitos-perfeições; firmeza-fragilidade.

3. Conceptismo: preocupação constante em conceituar, definir: "Quantas coisas há no mundo muito amadas, que, se as conhecera quem as ama, haviam de ser muito aborrecidas"; "Servis por quem servis, não servis por quem cuidais". "É que os homens não amam aquilo que cuidam que amam".
4. É notória a preocupação do autor em querer convencer os homens a trilhar o caminho da religiosidade: "Não assim o amor de Cristo, sábio sem engano".
5. Religiosidade. A argumentação com base em textos extraídos da Bíblia para concluir que só, e tão somente Cristo, ama sem engano. Nem a ignorância lhe roubou o merecimento ao amor.
6. Gosto pelo grandioso. Cristo padeceu por todos. Pelo inimigo sabendo que era inimigo e pelo traidor sabendo que era traidor.
7. Cultismo e Conceptismo – Cultismo: metáforas – tais quais na comparação de amar vidros e amar diamantes; Antíteses: o amor de Raquel e o Amor de Lia; Perífrases: enganado pastor e enganado amante.
8. Conceptismo – Premissa: A ignorância tira o conhecimento ao amor. Argumentos: o amor de Jacó por Raquel, o amante de diamantes e perfeições. Conclusão: - o amor de Cristo é sem engano porque não é viciado pela ignorância.
9. Paradoxos – Polos contrários. Antíteses: Raquel/Lia; vidros/diamantes; perfeições angélicas/imperfeições humanas; amor humano/amor de Cristo.
10. Conflito entre o profano e o divino. Conflito entre o amor dos homens, viciado pela ignorância e o amor de Cristo, sem engano, embora conhecesse que o amado era traidor e inimigo.

Compare

Renascimento Século XVI	Barroco Século XVII
• O homem é guiado pela ciência	• O homem é conduzido pela fé
• Antropocentrismo	• Teocentrismo
• Equilíbrio e moderação	• Exuberância e extravagância
• Volta à cultura greco-latina	• Volta à cultura medieval
• Racionalismo	• Paradoxo e contrassenso
• Exaltação vital	• Depressão vital
• Texto propositadamente claro	• Texto propositadamente hermético
• Universalismo	• Marinismo, Gongorismo, Cultismo, Conceptismo, Preciosismo, Eufuísmo
• O homem conduz o destino das nações	• O destino das nações é conduzido por Deus
• O corpo, a terra e o mar	• A alma, o céu e a salvação eterna

Barroco Século XVII	Arcadismo Século XVIII
• Formas rebuscadas	• Retorno ao equilíbrio
• Volta à Idade Média	• Volta ao Renascimento
• Parte em busca de originalidade	• Demasiada sujeição às leis clássicas
• Autêntico, ainda que paradoxal	• Inautêntico, ainda que racional
• O homem nasce com o pecado original (A igreja)	• O homem nasce bom; a sociedade é que o corrompe (Rousseau)
• Todo conhecimento vem de Deus	• Todo conhecimento vem da experiência e da reflexão
• O Direito Natural tem em Deus a sua fonte	• O Direito Natural é inerente à natureza humana
• A vinda dos jesuítas ao Brasil	• O Marquês de Pombal expulsa os jesuítas do Brasil
• Sentido nacionalista nas artes	• Afrancesamento da vida, arte e cultura
• A arte está associada ao pensamento do autor	• A arte está divorciada do pensamento do autor
• Celeste, espiritual, místico	• Campestre, pastoril, bucólico

Padre Antônio Vieira

Nasceu em Lisboa em 1608 e faleceu no Brasil em 1697. Viveu praticamente o século XVII inteiro e foi a figura mais expressiva de sua época. Como orador sagrado atingiu universal conceito. Aos brasileiros impõe-se como defensor dos índios e eloquente adversário da invasão holandesa. Viveu grande parte de sua vida no Brasil. Aqui mesmo, no Maranhão, foi preso pelos que defendiam a escravidão do índio e, em Lisboa, preso dois anos pela Santa Inquisição, castigo por suas ideias liberais e sebastianistas. "Não há maior comédia do que a minha vida; e quando quero ou chorar, ou rir, ou admirar-me, ou dar graças a Deus, ou zombar do mundo, não tenho mais que olhar para mim" (Carta de Vieira a um amigo). Com efeito, sua obra foi sua vida: a mesma grandeza, o mesmo excepcional talento. É o mais fluente, expressivo e rico prosador do século XVII. *Sermões* é sua obra principal: contém cerca de duzentas peças oratórias, num estilo viril, enérgico e másculo. Sua oratória expõe, demonstra, raciocina e prova. É verdadeiro silogismo. Lança a premissa maior, e prova sua veracidade; trabalha com a menor, e chega insofismavelmente à conclusão que é sua tese. De seus duzentos sermões e mais de quinhentas cartas, destacam-se: *Sermão de Santo Antônio aos Peixes, Sermão pelo Bom Sucesso das Armas de Portugal contra as de Holanda, Sermão de São Roque, Sermão da Sexagésima, Sermão das Verdadeiras e Falsas Riquezas*. Padre Antônio Vieira vive o ambiente político e cultural da Contra-Reforma. O Concílio de Trento, no século anterior ao século que viveu Vieira (1545 – 1563), estabelece seu projeto religioso em recuperar os países que, agora sob a influência do protestantismo, abandonaram a fé católica. O endurecimento da Santa Inquisição, de que Vieira foi vítima, é o resultado mais imediato daquele Concílio. Os países europeus vivem o regime de monarquia absoluta. É o século de ouro da Literatura espanhola: Luís de Góngora, Cervantes, Calderón de La Barca, Tirso de Molina, Lope de Vega.

Alguns fatos e datas mais importantes na vida de Vieira

1608 – Nasce em Lisboa.
1614 – Vem, aos seis anos, com a família, para a Bahia.
1633 – Prega, pela primeira vez, na Igreja de Nossa Senhora da Conceição – Bahia. Era tempo de Quaresma.
1634 – Recebe a ordem sacerdotal.
1640 – Prega na Bahia, o Sermão pelo Sucesso das Armas de Portugal contra as de Holanda. O tema do Sermão tem o propósito de estimular os portugueses a resistir contra a invasão de Guilherme de Nassau.
1641 – Vai a Portugal, conhece pessoalmente o Rei D. João IV. Início de uma longa amizade. Goza da confiança do monarca.
1643 – Defesa dos Judeus. Defende junto ao rei a abertura do país aos Judeus mercadores. O ingresso deles no país daria impulso à economia lusitana.
1646 – Missão diplomática em Paris e Haia.
1647 – Nova missão diplomática em Paris e Haia.
1649 – É denunciado por defender os Judeus.
1652 – Volta para o Brasil em missão Jesuíta em Maranhão, Amazonas e Ceará.
1654 – Prega, em 13 de junho, em São Luís, Sermão de Santo Antônio aos Peixes. Parte para Portugal.
1655 – Prega, na Capela Real de Lisboa, o famoso Sermão da Sexagésima. Volta ao Brasil.
1661 – É preso no Pará. Vai sob prisão ao Maranhão. Expulso do Maranhão. Chega a Lisboa.
1662 – Nomeado confessor do Príncipe D. Pedro.
1664 – Processado pela Santa Inquisição: Heresia Judaica.
1665 – É preso pelo Tribunal da Santa Inquisição.
1667 – O Tribunal da Santa Inquisição pronuncia a sentença: Vieira é proibido de pregar, privado de voz ativa e passiva.
1668 – É anistiado, graças a subida ao poder do infante D. Pedro, de quem fora confessor.

1669 – Prega à Rainha Cristina da Suécia
1675 – O Papa Clemente X anula o processo que lhe moveu a Santa Inquisição.
1679 – Inicia a publicação de seus Sermões.
1681 – Volta, por definitivo, à Bahia.
1682 – Em Coimbra, um grupo de estudantes queima uma efígie de Vieira.
1692 – Vieira cai de uma escada. Os ferimentos impedem-no de escrever. Um secretário escreve por ele.
1697 – Termina a redação do último volume dos Sermões (12 volumes). Morre em 18 de julho, na Bahia. É sepultado na Capela do Santíssimo Sacramento da Igreja do Colégio dos Jesuítas.

A Obra de Vieira tem significado moral e humano. Lutador destemido a serviço da pátria e dos direitos naturais do homem. Sua humildade fê-lo abandonar a Corte e enfrentar o inferno inóspito do Rio Amazonas. Recusou o convite de D. João IV ser bispo. Recusou o convite da Rainha da Suécia ser confessor privativo. Recusou o convite do Geral Oliva ser pregador do Papa. Diante da Corte e na presença do Rei, entontecidos de vaidade, desdenhosos da plebe, ousa proclamar a igualdade da condição humana:

"Abri aquelas sepulturas e vede qual é ali o senhor e qual o servo; qual é ali o pobre e qual o rico. Distingue-me ali, se podeis, o valente do fraco, o formoso do feio, o Rei coroado de ouro do escravo de Argel, carregado de ferro. Distingui-los? Conhecei-los? Não, por certo! O grande e o pequeno, o rico e o pobre, o sábio e o ignorante, o senhor e o escravo, o príncipe e o cavador, o alemão e o etíope, todos ali são da mesma cor. Isto é, todos iguais no termo da vida. Só as ações nos valorizam ou exalçam, só as virtudes pesam na balança de Deus."

Escreve, em 20 de Abril de 1657, uma carta ao Rei D. Afonso VI em que pede proibir-se, na colônia, a escravidão do índio. Surpreende a sua valentia moral em dizê-lo diretamente ao Rei:

"Senhor, os Reis são vassalos de Deus, e se os Reis não castigam os seus vassalos, castiga Deus os seus."

Consultado pelo Rei D. João IV sobre a vontade de unir Pará e o Maranhão sob um só governo, respondeu-lhe Vieira, em carta datada, no Maranhão, em 6 de abril de 1654:

"No fim da carta de que Vossa Majestade me fez mercê, me manda Vossa Majestade diga meu parecer sobre a conveniência de haver neste Estado ou dois capitães-mores ou um só governador. Eu, Senhor, razões políticas nunca as soube, e hoje as sei muito menos: mas por obedecer direi toscamente o que me parece. Digo que menos mal será um ladrão que dois, e que mais dificultosos serão de achar dois homens de bem que um. Baltasar de Sousa Pereira não tem nada, a Inácio do Rego Barreto não lhe basta nada; e eu não sei qual é maior tentação, se a necessidade, se a cobiça. Se houvesse dois homens de consciência, e outro que lhe sucedessem, não haveria inconveniente em estar o governo dividido. Mas se não houver mais que um, venha um que governe tudo e trate do serviço de Deus e de Vossa Majestade; e se não houver nenhum, como até agora parece que não houve, não venha nenhum, que melhor se governará o estado sem ele que com ele [...]"

Sermão do Mandato

Padre Antônio Vieira proferiu quatro sermões aos quais os intitulou "Sermão do Mandato". São eles:

- Sermão do Mandato, pregado em Lisboa, no Hospital Real, no ano de 1643;
- Sermão do Mandato, pregado na Capela Real, no ano de 1945;
- Sermão do Mandato, pregado no mesmo dia na Capela Real, às três horas da tarde (1955);
- Sermão do Mandato, pregado em Roma na Igreja de Santo Antônio dos Portugueses, no ano de 1670.

Em todos os Sermões do Mandato, o orador disserta sobre o amor. "Amai-vos uns aos outros, assim como vos amei". O mandamento do evangelho é o tema destes sermões. Nestes sermões, o pregador analisa o amor divino e o amor humano; sua tese é que o primeiro é perfeito e infinito. Ao contrário, o amor humano é defeituoso e limitado. O livro selecionou seis trechos do Sermão do Mandato de 1643 e os interpretou. Da mesma forma, escolheu sete trechos do Sermão do Mandato de 1645, interpretando-os. A cada passagem selecionada e interpretada, buscou, em outros autores, uma intertextualidade. Por último, uma leitura complementar de passagens do Sermão – ano 1643, 1655 e 1670- todas as passagens preocupadas com o amor.

Sermão do Mandato

Pregado em Lisboa, no Hospital Real, no ano de 1643

Sciens Jesus quia venit hora ejus ut transeat ex hoc mundo ad Patrem, cum dilexisset suos qui erant in mundo, in finem dilexit eos.

Padre Antônio Vieira abre o Sermão com o versículo I, capítulo 13, do Sermão de João. Anuncia o texto em latim: Sciens Jesus quia venit hora ejus ut transeat ex hoc mundo ad Patrem, cum dilexisset suos qui erant in mundo, in finem dilexit eos. (Sabendo Jesus que era chegada a sua hora de passar deste mundo para o pai, tendo amado os seus que estavam no mundo, amou-os até o fim). O autor anuncia o tema do discurso: Os remédios do amor e o amor sem remédio. Amor que tem remédio, é o amor humano. O amor que não tem remédio, é o amor de Cristo. "Remédio" no sentido de algo que faz cessar o amor, que determina sua morte, que o extingue e o elimina. Os remédios do amor (que é o tema do sermão) são quatro: o tempo, a ausência, a ingratidão e a melhoria de objeto. Sobre estes quatro temas desenvolve-se o discurso. Os quatro substantivos que anuncia como remédios, são venenos contra o amor humano. Mas estes quatro venenos não conseguem acabar com o amor de Cristo. Nem o tempo o diminuiu, nem a ausência o enfraqueceu, nem a ingratidão o esfriou, nem a melhoria do objeto o mudou.

Texto – I (Ano 1643)

"O primeiro remédio que dizíamos é o tempo. Tudo cura o tempo, tudo faz esquecer, tudo gasta, tudo digere, tudo acaba. Atreve-se o tempo a colunas de mármore, quanto mais a corações de cera! São as afeições como as vidas, que não há mais certo sinal de haverem de durar pouco, que terem durado muito. São como as linhas que partem do centro para a circunferência, que, quanto mais continuadas, tanto menos unidas. Por isso os antigos sabiamente pintaram o amor menino, porque não há amor tão robusto, que chegue a ser velho. De todos os instrumentos com que o armou a natureza o desarma o tempo. Afrouxa-lhe o arco, com que já não tira, embota-lhe as setas, com que já não fere, abre-lhe os olhos, com que vê o que não via, e faz-lhe crescer as asas, com que voa e foge. A razão natural de toda esta diferença, é porque o tempo tira a novidade às coisas, descobre-lhes os defeitos, enfastia-lhes o gosto, e basta que sejam usadas para não serem as mesmas. Gasta-se o ferro com o uso, quanto mais o amor? O mesmo amar é causa de não amar, e o ter amado muito, de amar menos."

O primeiro remédio é o tempo. O autor vai confrontar o amor divino com o amor humano. No plano divino, o tempo não é adversário do amor, mas no plano humano, o amor tem, no tempo, seu grande adversário. São inimigos do amor humano o tempo, a ausência, a ingratidão e o melhor de objeto. Tudo cura o tempo. Verbo *curar* no sentido de resolver, solucionar, dissolver, fazer desaparecer a pouco e pouco, reduzir, desfazer. Se o tempo cura tudo, então faz esquecer tudo, gasta tudo, digere tudo, acaba tudo. Observe uma coluna de mármore. O tempo corrói sua figura. Se o tempo destrói o mármore, podemos imaginar o estrago que faz nos corações de cera. O autor sofisma; tira conclusões de premissas falsas. O estrago que o tempo faz no mármore não tem a mesma natureza do estrago que o tempo faz nos corações. Como o coração é, por metáfora, a sede do amor, então o tempo destrói o amor, tal qual destruiu o mármore. Sofisma. O amor não tem a mesma essência do mármore. As afeições são como as vidas. Quanto mais se vive menos se viverá. O tempo, ainda de se viver, é inversamente proporcional ao tempo já vivido. Assim, o amor. Quanto mais tempo se ama menos

se amará, já que tudo cura o tempo. A intensidade do amor e o tempo de vida são linhas que partem do centro para a circunferência. Quanto mais se propagam muito menos unidas.
Veja o gráfico.

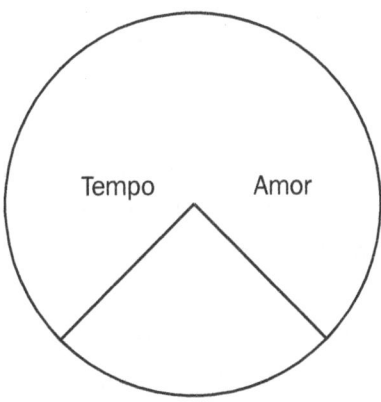

Qual a razão para que os gregos escolhessem um menino para o símbolo do amor? É que não há amor tão consistente que chegue até a velhice. Daí o cupido como símbolo e sinônimo do amor. Cupido é amor. A natureza o arma com arco, setas, olhos e asas. O tempo o desarma, afrouxando o arco, engrossando a ponta das setas, abrindo os olhos para entender agora o que não entendia, crescendo as asas para permitir-lhe voar e buscar, independente, novos amores. O tempo é inimigo da novidade. Passa o tempo, a novidade se desfaz. Defeitos são conhecidos com o tempo. Passa o tempo e os defeitos se revelam. O gosto e o prazer de hoje, com o passar do tempo, tornam-se aborrecidos, e o uso de alguma coisa, com o tempo desgasta. Não existem novidade, defeitos ocultos, gosto, objetos usados incólumes ao tempo. Se o ferro gasta com o uso, que diríamos do amor. De sofisma a sofisma, o autor conclui que amar é causa de não amar e ter amado muito é causa de amar menos. Amar muito é causa de amar menos. Tudo cura o tempo, porque quanto mais se ama, tal qual o tempo e a vida, menos se viverá e se amará. Como no círculo em que duas retas partem do centro, à medida que o tempo avança, o tempo e o amor se distanciam. O símbolo do amor é um menino e não um velho. Do cupido, o tempo afrouxa o arco e as setas; do cupido, o tempo abre os olhos e faz crescerem as asas; ao tempo não existe novidade que resista. Veja o que o tempo faz com o ferro. O que não fará com o amor? O orador tenta provar que o tempo é inimigo do amor. Para tanto, constrói um sofisma. Sofisma é um falso silogismo. No silogismo, chega-se a uma verdade pelo simples fato de admitirmos verdadeiras duas outras premissas. Assim:

Todo rio tem sua água doce; Ora, o Tietê é o rio que cruza o Estado de São Paulo; Então, o Tietê, rio que cruza o Estado de São Paulo, tem sua água doce.

No sofisma, chega-se a uma conclusão com premissas falsas. O orador lança as premissas, dá como verdadeiras e chega a uma conclusão, dando a entender ao leitor que a verdade está com ele. Eis o silogismo sofismático do orador:

Todas as coisas deste mundo são corroídas pelo tempo: as colunas de mármore, o arco, as setas, o ferro, etc. Ora, o amor é um sentimento deste mundo; então o amor também é corroído pelo tempo.

O sofisma consistiu em comparar coisas, essencialmente, diversas. O amor não tem a mesma essência do ferro. Contudo, com o tempo, o amor pode aprimorar-se e agigantar-se. Fosse verdadeira a premissa do autor, diríamos que a inteligência, a educação, o respeito, a dignidade, as virtudes também são vitimas do tempo. Seguindo o raciocínio do autor, quando mais somos educados, menos seremos, porque o tempo corrói a educação. O exercício constante do respeito e do altruísmo faz restringir sua magnitude, porque o tempo os consome. Em termos de desgaste temporal, o concreto (ferro, mármore, arco, flecha) não pode ser identificado com o abstrato (amor, afeições, virtudes, educação, respeito).

A Título de Intertextualidade

Poema à Mãe

Eugênio de Andrade

"No mais fundo de ti,
eu sei que traí, mãe!

Tudo porque já não sou
o retrato adormecido
no fundo dos teus olhos!

Tudo porque tu ignoras
que há leitos onde o frio não se demora
e noites rumorosas de águas matinais!

Por isso, às vezes, as palavras que te digo
são duras, mãe,
e o nosso amor é infeliz.

Tudo porque perdi as rosas brancas
que apertava junto ao coração
no retrato da moldura!

Se soubesses como ainda amo as rosas,
talvez não enchesses as horas de pesadelos...

Mas tu esqueceste muita coisa!
Esqueceste que as minhas pernas cresceram,
que todo o meu corpo cresceu,
e até o meu coração
ficou enorme, mãe!

Olha – queres ouvir-me? –,
às vezes ainda sou o menino
que adormeceu nos teus olhos;

ainda aperto contra o coração
rosas tão brancas
como as que tens na moldura;

ainda oiço a tua voz:
Era uma vez uma princesa
no meio de um laranjal...

Mas – tu sabes! – a noite é enorme
e todo o meu corpo cresceu...
Eu saí da moldura,
dei às aves os meus olhos a beber.

Não me esqueci de nada, mãe.
Guardo a tua voz dentro de mim.
E deixo-te as rosas...

Boa noite. Eu vou com as aves!"

Vamos interpretar o poema.

1. Assinale a alternativa falsa, aquela que não pode ser inferida do texto:

a) no poema, há 13 estofes desiguais (um monóstico, dois dísticos, oito tercetos, uma quadra e uma sextilha). Os versos todos, de métrica regular;
b) o poeta sente-se dividido entre a necessidade vital de cortar o cordão umbilical que prendia a criança à esfera protetora da mãe e a pena de ter de o fazer;
c) por isso, o seu discurso é meigo, persuasivo, justificativo, e não um grito impetuoso de adolescente que rompe abruptamente com as amarras da servidão;
d) o fantasma da traição filial persegue o sujeito, que se debate com a dificuldade de se desembaraçar do abraço super-protetor e narcísico de quem devia conceber a maternidade como uma dádiva ao mundo e não como a posse egoísta de um objeto;
e) resulta, assim, a consciência da relação filial como um amor infeliz, em face da incompreensão do natural crescimento.

2. Continue assinalando a alternativa falsa, aquela que não pode ser inferida do texto:

a) as queixas do sujeito poético, ainda que duras, acerca da incompreensão materna, expressas através de imagens visuais do retrato adormecido e da perda das rosas brancas no retrato da moldura, são compensadas pela reiteração de fidelidade filial, apesar das mudanças verificadas: "às vezes ainda sou o menino / que adormeceu nos teus olhos; / ainda aperto contra o coração / rosas tão brancas / como as que tens na moldura";
b) as rosas brancas da inocência, se bem que perdidas, ainda são nostalgicamente recordadas, juntamente com os sinais auditivos da voz materna, associada à memória do conto popular: "Era uma vez uma princesa, / no meio de um laranjal..."
c) apesar do impulso natural de crescer e da sedução dos novos "leitos onde o frio não se demora", apesar da imensidade da noite, a emancipação do adolescente é negativamente conotada com a exploração dos olhos pelas aves;
d) ao sair da moldura do quadro infantil, ao deixar as rosas da inocência,

ao partir com as aves, o sujeito guarda no seu interior a voz materna como símbolo da persistência de um passado;

e) "Poema à Mãe" é uma oração tateante, feita da sinceridade de uma busca existencial. O despojamento espiritual do sujeito lírico é tecido em todo o desenrolar do poema. Um despojamento não apenas dos mantos do egoísmo, mas também dos sinais da presença das religiões, fetichistas e politeístas. Um despojamento que garante a contemplação silenciosa e esplendorosa do verdadeiramente transcendente.

3. *"Mas tu esqueceste muita coisa!*
Esqueceste que as minhas pernas cresceram,
que todo o meu corpo cresceu,
e até o meu coração
ficou enorme, mãe!"
O coração ficou enorme, porque:

a) acompanhou o crescimento das pernas e do corpo;

b) nele cabem agora mais amores;

c) ele tem suas razões que a própria razão desconhece;

d) seu crescimento é proporcional ao desenvolvimento do corpo todo;

e) quem está longe dos olhos fica também longe do coração.

4. "Eu saí da moldura,
dei às <u>aves</u> os meus olhos a beber."
"Boa noite. Eu vou com as aves!"
"Aves" é um símbolo, uma imagem, uma metáfora de:

a) "Imortalidade";

b) "Destrutividade"

c) "Liberdade"

d) "Sadismo"

e) "Narcisismo"

5. Estrofe de um erotismo exuberante, de imagem expressiva e sublime:

a) "Tudo porque já não sou
   o retrato adormecido
   no fundo dos teus olhos!"

b) "Tudo porque tu ignoras
   que há leitos onde o frio não se demora
   e noites rumorosas de águas matinais!"

c) "Tudo porque perdi as rosas brancas
   que apertava junto ao coração
   no retrato da moldura!"
d) "Se soubesses como ainda amo as rosas,
   talvez não enchesses as horas de pesadelos...»
e) "Mas – tu sabes! – a noite é enorme
   e todo o meu corpo cresceu...
   Eu saí da moldura,
   dei às aves os meus olhos a beber."

6. Observe: predomina, no texto, os verbos na primeira pessoa do singular:
"Eu sei que traí, mãe"
" ... já não sou
o retrato adormecido."
" ... as palavras que te digo
são duras, mãe"
"Tudo porque perdi as rosas brancas"
....
"Boa noite. Eu vou com as aves."
Portanto, uma linguagem:
a) fática
b) referencial
c) apelativa
d) emotiva
e) épica

7. A palavra "que" grifada é pronome relativo e exerce a função sintática de sujeito da oração:
a) "No mais profundo de ti,
   eu sei que traí, mãe!"
b) "Tudo porque tu ignoras
   que há leitos onde o frio não se demora
   e noites rumorosas de águas matinais!"
c) "Por isso, às vezes, as palavras que te digo
   são duras, mãe,
   e o nosso amor é infeliz."

d) "Tudo porque perdi as rosas brancas
que apertava junto ao coração
no retrato da moldura!"
e) "Olha – queres ouvir-me? –
às vezes ainda sou o menino
que adormeceu nos teus olhos."

8. As orações assinaladas são subordinadas substantivas objetivas diretas, exceto uma que deve ser identificada:

a) tu ignoras que há leitos...
b) se soubesses como ainda amo as rosas
c) esqueceste que as minhas pernas cresceram
d) as palavras que te digo são duras, mãe
e) eu sei que traí, mãe

**9. "Esquecer, guardar a voz, deixar as rosas e ir com as aves."
Só em uma alternativa se erra no imperativo:**

a) Esqueça, guarda a voz, deixa as rosas e vai com as aves (tu – 2ª pessoa do singular);
b) Esqueça, guarde a voz, deixe as rosas e vá com as rosas (você – 3ª pessoa do singular);
c) Esqueçamos, guardemos a voz, deixemos as rosas e vamos com as aves (nós – 1ª pessoa do plural);
d) Esquecei, guardai a voz, deixai as rosas e ide com as aves (vós – 2ª pessoa do plural);
e) Esqueçam, guardem a voz, deixem as rosas e vão com as aves (vocês – 3ª pessoa do plural).

10. "Ainda oiço a tua voz:
Era uma vez uma princesa
no meio de um laranjal...
Mas – tu sabes! a noite é enorme
e todo o meu corpo cresceu..."
Façamos da adversativa a primeira oração, respeitando o sentido original do texto:

a) Tu sabes! a noite é enorme
e todo o meu corpo cresceu
porque ainda oiço a tua voz:
Era uma vez uma princesa
no meio do laranjal...

b) Tu sabes! – a noite é enorme
e todo o meu corpo cresceu
para que ainda ouvisse a tua voz:
Era uma vez uma princesa
no meio do laranjal...

c) Tu sabes! – a noite é enorme
e todo o meu corpo cresceu
embora ainda oiça a tua voz:
Era uma vez uma princesa
no meio do laranjal...

d) Tu sabes! – a noite é enorme
e todo o meu corpo cresceu
quando ainda ouço a tua voz:
Era uma vez uma princesa
no meio de um laranjal...

e) Tu sabes! – a noite é enorme
e todo o meu corpo crescia
à medida que ainda ouvia a tua voz:
Era uma vez uma princesa
no meio de um laranjal...

Texto II (Ano 1643)

"Estes são os poderes do tempo sobre o amor. Mas sobre qual amor? Sobre o amor humano, que é fraco; sobre o amor humano, que é inconstante; sobre o amor humano, que não se governa por razão, senão por apetite; sobre o amor humano, que, ainda quando parece mais fino, é grosseiro e imperfeito. O amor, a quem remediou e pôde curar o tempo, bem poderá ser que fosse doença, mas não é amor. O amor perfeito, e que só merece o nome de amor, vive imortal sobre a esfera da mudança, e não chegam lá as jurisdições do tempo. Nem os anos o diminuem, nem os séculos o enfraquecem, nem as eternidades o cansam. Diz Agostinho, que o amor que é verdadeiro tem obrigação de ser eterno, porque, se em algum tempo deixou de ser, nunca foi amor: Si autem desierit, nunquam vera fuit. Notável dizer! Em todas as outras coisas o deixar de ser é sinal de que já foram; no amor o deixar de ser é sinal de nunca ter sido. Deixou de ser? Pois nunca foi. Deixastes de amar? Pois nunca amastes. O amor que não é de todo o tempo, e de todos os tempos, não é amor, nem foi, porque se chegou a ter fim, nunca teve princípio. É como a eternidade, que se, por impossível, tivera fim, não teria sido eternidade: Declarans amicitiam aeternam esse, si vera est."

Tudo cura o tempo. É o que nos diz o orador no texto anterior. Contudo, quer deixar claro que está falando do amor humano. Ao amor humano, o sermonista oferece as adjetivações que o desqualificam. São elas: fraco, inconstante, ingovernável pelo apetite, grosseiro e imperfeito. O amor que acaba com o tempo, pode ser tudo, menos amor. Talvez doença, não amor. Amor que é amor é imortal, é constante e indiferente à passagem do tempo. O tempo seja ele anos, séculos ou eternidade não diminui nem enfraquece nem cansa o verdadeiro amor. O amor verdadeiro é eterno. Para Santo Agostinho o que deixou de ser nunca foi. Deixou de amar, então nunca amou. Em tudo nesta vida, o deixar de ser é sinal de que já foram. Deixou de ser honesto, então foi honesto, embora não o seja mais. Deixou de ser alegre então foi alegre, embora não o seja mais. O amor faz exceção. No amor, deixar de ser, nunca foi; deixar de amar, nunca amou. O orador traz a ideia que anuncia pela simples mudança do tempo empregada do verbo "ser": deixa de ser é sinal de nunca ter sido – "foram e ter sido". O amor é de todos os meses, anos e séculos. Se não é assim, nunca foi amor. O amor tem a mesma essência da eternidade. Se a eternidade teve fim, nunca foi eternidade. Se o amor teve fim, nunca foi amor.

Texto II (Ano 1643)

A Título de Intertextualidade

Alma minha gentil, que te partiste

Camões

Alma minha gentil, que te partiste
Tão cedo desta vida, descontente,
Repousa lá no Céu eternamente,
E viva eu cá na terra sempre triste.

Se lá no assento etéreo, onde subiste,
Memória desta vida se consente,
Não te esqueças daquele amor ardente
Que já nos olhos meus tão puro viste.

E se vires que pode merecer-te
Alguma cousa a dor que me ficou
Da mágoa, sem remédio, de perder-te,

Roga a Deus, que teus anos encurtou,
Que tão cedo de cá me leve a ver-te,
Quão cedo de meus olhos te levou.

O poema lembra uma prece. Aliado à simplicidade de seu léxico e sintaxe, é o mais popular soneto de Camões. É a saudade levada a seu mais alto grau. O soneto dirige-se a sua amada, recém- desaparecida. Primeiro, o vocativo – Alma minha gentil. "Gentil" qualificando a alma, já demonstra o tom aristocrático da amada.

Alma... que te partiste
tão cedo desta vida descontente.

É o eufemismo da morte. Suavisa-se uma idéia rude e desagradável "Descontente" refere-se à "Alma" e não à "Vida". Entenda-se pois, que partiu descontente tão cedo desta vida. O 3º e 4º versos da 1ª quadra, refletem o contraste desejado. O 3º refere-se à amada; o 4º refere-se ao sujeito lírico. "Viva eu" em oposição a "repousa tu"; "cá" em oposição a "lá"; na "terra" em oposição a no "céu"; "triste" em oposição à felicidade que se deduz de quem "repousa lá no céu eternamente". Se na 1º quadra existe um desejo manifesto, na 2º quadra, existe um pedido. Contudo, este pedido é condicionado à possibilidade de, no céu, conservarem-se a memória terrena e a individualidade. Assim, aquele amor, qualificado como ardente e puro seja lembrado pela amada. Atente para a elegante perífrase metafórica: "assento etéreo". Nos tercetos, um último pedido, também condicionado. Se a dor do poeta enlutado tem eventual mérito, pede a morte tão precoce como foi a da amada, para ambos, vendo-se um ao outro, possam gozar a beatitude naquele "assento etéreo" junto ao criador. Soneto decassílabo heróico. Posição das rimas ABBA; ABBA; CDC; DCD. Há rimas ricas: partiste/triste; descontente/eternamente; consente/ardente. Há rimas pobres: subiste/viste; merecer-te/perder-te; encurtou/levou. O poema é constituído por três períodos.

1º período – Primeiro quarteto
2º período – Segundo quarteto
3º período – Ambos os tercetos.

Observe as orações principais de cada período

1º Alma minha gentil, repousa lá no céu eternamente
2º Não te esqueças daquele amor ardente
3º E roga a Deus

No primeiro período, uma oração subordinada adjetiva (que te partiste tão cedo desta vida descontente) e uma oração coordenada aditiva (E viva eu cá na terra sempre triste). No segundo período, uma oração subordinada condicional (se lá no assento etéreo memória desta vida se consente) e duas subordinadas adjetivas (onde subiste e que já nos olhos meus tão puro viste). No terceiro período, duas orações subordinadas objetivas diretas (que pode merecer-te alguma coisa a dor e que tão cedo de cá me leve a ver-te); duas orações subordinadas adjetivas (que me ficou da mágoa sem remédio de perder-te e que teus anos encurtou) e uma subordinada proporcional (Quão cedo de meus olhos te levou). Em Poética, Aristóteles afirma: O poeta é imitador, como o pintor ou qualquer outro imaginário. O princípio clássico da "mimese", pode imitar os clássicos, seguir de perto o assunto, imitar as Artes e a Natureza, mas nunca copiar. Camões, neste soneto, imitou Petrarca.

Questa anima gentil che si disparte
Ansi tempo chiamata a l'altra vita.

Texto III (Ano 1643)

"De Jacó dizia a Escritura que, sendo sete os anos que serviu por Raquel, lhe pareciam poucos dias, porque era grande o amor com que a amava: Videbantur illi pauci dies prae amoris magnitudine (Gên. 29,20). Não seria Jacó tão celebrada figura de Cristo se também o seu amor não tivesse a propriedade de diminuir o tempo. Mas nesta mesma diminuição é necessário advertir que os anos que a Jacó lhe pareciam poucos dias não foram só sete, senão muitos mais, ou muito maiores. Assim como o gosto faz os dias breves, assim o trabalho os faz longos. A Abraão disse Deus que seus descendentes serviriam aos egípcios quatrocentos anos, sendo que serviram cem anos somente, porque o trabalho dobra e redobra o tempo, e cem anos de servir são quatrocentos anos de padecer. Do mesmo modo se hão de contar os anos de Jacó. Jacó serviu com tanto trabalho, de dia e de noite, como ele bem encareceu a Labão, não sendo os enganos e trapaças do mesmo Labão a menor parte do seu grande trabalho. Logo, assim como o amor de Jacó diminuía os anos por uma parte, assim o trabalho os acrescentava por outra, e, concorrendo juntamente o amor a diminuir e o trabalho a acrescentar os mesmos anos, já que eles se não multiplicassem tanto que fossem três vezes dobrados, ao menos haviam de ficar inteiros. Como podia logo ser que a Jacó lhe não parecessem anos, senão dias, e esses poucos? Não há dúvida que esta mesma que parece implicação é o maior encarecimento do amor de Jacó. O tempo fazia os anos, o trabalho multiplicava o tempo, mas o amor de Jacó, maior que o trabalho e maior que o tempo, não só diminuía os anos que fazia o tempo, senão também os que multiplicava o trabalho. Com o gosto de servir diminuía o amor uns anos, com o gosto de padecer diminuía os outros, e por isso, ainda que fossem anos sobre anos, e muitos sobre muitos, todos eles lhe pareciam dias, e poucos dias: Videbantur illi pauci dies."

Antes da análise desta passagem do sermão, leiamos a história bíblica dos amores de Jacó e Raquel:

"Depois disse Labão a Jacó: Porque tu és meu irmão, hás de servir-me de graça? Declara-me qual será o teu salário. E Labão tinha duas filhas; o nome da mais velha era Lia, e o nome da menor Raquel. Lia tinha olhos tenros, mas Raquel era de formoso semblante e formosa à vista. E Jacó amava a Raquel, e disse: Sete anos te servirei por Raquel, tua filha menor. Então disse Labão: Melhor é que eu a dê a ti, do que eu a dê a outro homem; fica comigo. Assim serviu Jacó sete anos por Raquel; e estes lhe pareceram como poucos dias, pelo muito que a amava. E disse Jacó a Labão: Dá-me minha mulher, porque meus dias são cumpridos, para que eu me case com ela. Então reuniu Labão a todos os homens daquele lugar, e fez um banquete. E aconteceu, à tarde, que tomou Lia, sua filha, e trouxe-a a Jacó que a possuiu. E Labão deu sua serva Zilpa a Lia, sua filha, por serva. E aconteceu que pela manhã, viu que era Lia; pelo que disse a Labão: Por que me fizeste isso? Não te tenho servido por Raquel? Por que então me enganaste? E disse Labão: Não se faz assim no nosso lugar, que a menor se dê antes da primogênita. Cumpre a semana desta; então te daremos também a outra, pelo serviço que ainda outros sete anos comigo servires. E Jacó fez assim, e cumpriu a semana de Lia; então lhe deu por mulher Raquel sua filha. E Labão deu sua serva Bila por serva a Raquel, sua filha. E possuiu também a Raquel, e amou também a Raquel mais do que a Lia e serviu com ele ainda outros sete anos."

Jacó serviu Labão sete anos para que pudesse esposar Raquel. Esta servidão é um paradoxo. Sete anos foram pouco tempo. Sete anos foram muito tempo. O tempo de espera é pouco quando amor é a causa da espera. O tempo é muito quando o trabalho é a condição de espera. O amor tem a propriedade de diminuir o tempo. O trabalho tem a propriedade de prolongar o tempo. Assim, a espera de Jacó para esposar Raquel foi curta e longa. O amor faz o tempo curto, porque é prazer. O trabalho faz tempo longo, porque é servidão. O sermonista vai buscar em uma passagem da Bíblia um argumento. Deus disse a Abraão que seus descendentes serveriam aos egípcios quatrocentos anos. Na verdade serviram cem anos. Por que esta discrepância de data? Porque o padecer aumenta o tempo. Padecer como escravo cem anos é o mesmo que viver quatrocentos anos de sofrimento. O amor e a escravidão cumprem seu papel de encurtar ou de dilatar o tempo. Jacó viveu o paradoxo. O trabalho acrescentava tempo, e o amor o diminuía. Assim, os anos de espera ficaram em sete anos. Se é verdade que o trabalho os aumentou, o amor cumpriu a tarefa de os reduzir. Sete anos, pois. Mas para Jacó, aqueles anos foram dias. Por quê? Porque o amor de Jacó era maior que o trabalho e este amor diminuía o tempo de espera e o tempo do trabalho. E este mesmo amor tão sublime e majestoso fazia com que os anos parecessem meses e os meses poucos dias.

A Título de Intertextualidade

Sete anos de pastor Jacó servia

Camões

Sete anos de pastor Jacó servia
Labão, pai de Raquel, serrana bela;
Mas não servia ao pai, servia a ela,
Que a ela só por prêmio pretendia.

Os dias na esperança de um só dia
Passava, contentando-se com vê-la;
Porém o pai, usando de cautela,
Em lugar de Raquel lhe dava Lia.

Vendo o triste pastor que com enganos
Lhe fora assim negada a sua pastora,
Como se a não tivera merecida,

Começou a servir outros sete anos,
Dizendo: Mais servira, se não fora
Para tão longo amor tão curta a vida.

Em todo o soneto de Camões, a rima é, geralmente, fixa nos quartetos, na posição ABBA, ABBA, como também fixa nos tercetos, na posição CDE, CDE, variando às vezes, nos tercetos, para CDC, DCD. Veja no poema:

servia	– A	enganos	–	C
bela	– B	pastora	–	D
ela	– B	merecida	–	E
pretendia	– A			
dia	– A	anos	–	C
vê-la	– B	fora	–	D
cautela	– B	vida	–	E
Lia	– A			

Nos sonetos de Camões, o desenvolvimento da idéia se faz por períodos e estes coincidem com as estrofes. Quase sempre assim: no primeiro quarteto propõe-se o assunto; enuncia-se aquilo que se vai discorrer. Na primeira quadra, os personagens principais (Jacó, Labão), o tempo (sete anos), a ação (servia), seguida da razão deste serviço escravo (por prêmio pretendia). No segundo quarteto, explora-se o assunto. A doação total e a vassalagem da primeira estrofe são toleradas, porque existe uma esperança de arrebatar a amada depois daquele tempo. A adversativa "porém" traz a decepção desta esperança. No primeiro terceto, confirma-se o que já se disse no segundo quarteto. Toma Jacó consciência da traição que lhe fora imposta por Labão. Sua pastora lhe fora negada como se este não a merecesse. No segundo terceto, conclui-se através de um pensamento nobre, a título de fechamento. É a chave de ouro:

"Mais servira, se não fora
Para tão longo amor tão curta vida"

Assim é que, em Camões, o soneto segue, com poucas variações, esta ordem:

Primeiro Quarteto: **Proposição** – enuncia-se o assunto
Segundo Quarteto: **Desenvolvimento** – explora-se o assunto
Primeiro Terceto: **Confirmação** – ratifica-se o assunto
Segundo Terceto: **Conclusão** - retira-se do todo um pensamento nobre. É a chave de ouro.

Neste soneto, o poeta toma o assunto bíblico apenas para exaltar o amor. Amor universal, atemporal. Pouco se preocupa com a traição de Labão. Quem não gostaria de ser amada como Raquel? Quem não gostaria de amar intensamente como Jacó? O texto bíblico é o pretexto para firmar, na chave de ouro, o amor universal. Para conquistar a mulher amada, serve-se sete anos, e mais sete, e mais sete e todos os sete anos que a vida contém. A vida é pequena para tanto amor. Veja, no poema, o amor sensual (Os dias na esperança de um só dia). Este dia é o momento da posse da mulher amada.

Veja também o amor platônico (Passava, contentando-se com vê-la). Amor de contemplação. Enquanto "aquele dia" não chega, contenta-se com o contemplar - amor platônico.

A acentuação, nos sonetos camonianos, é também, mais ou menos, fixa. Sempre recai o acento na 6º e 10º sílabas (versos decassílabos heróicos). Às vezes, o acento recai na 4º, 8º e 10º sílabas (versos decassílabos sáficos).

$$Se/te\ a/nos/de/pas/tor/Ja/có/ser/vi/a$$
$$1\quad 2\quad 3\quad 4\quad 5\quad \mathbf{6}\quad 7\quad 8\quad 9\quad \mathbf{10}\ X$$

Texto IV (Ano 1643)

"O segundo remédio do amor é a ausência. Muitas enfermidades se curam só com a mudança do ar; o amor com a da terra. E o amor como a lua que, em havendo terra em meio, dai-o por eclipsado. À sepultura chamou Davi discretamente terra do esquecimento: Terra oblivionis. E que terra há que não seja a terra do esquecimento, se vos passastes a outra terra? Se os mortos são tão esquecidos, havendo tão pouca terra entre eles e os vivos, que podem esperar, e que se pode esperar dos ausentes? Se quatro palmos de terra causam tais efeitos, tantas léguas que farão? Em os longes, passando de tiro de seta, não chegam lá as forças do amor. Seguiu Pedro a Cristo de longe, e deste longe que se seguiu? Que aquele que na presença o defendia com a espada, na ausência o negou e jurou contra ele. Os filósofos definiram a morte pela ausência: Mors est absentia animae a corpore. E a ausência também se há de definir pela morte, posto que seja uma morte de que mais vezes se ressuscita. Vede-o nos efeitos naturais de uma e outra. Os dois primeiros efeitos da morte são dividir e esfriar. Morreu um homem, apartou-se a alma do corpo: se o apalpardes logo, achareis algumas relíquias de calor; se tomastes daí a um pouco, tocastes um cadáver frio, uma estátua de regelo. Estes mesmos efeitos ou poderes têm a vice-morte, a ausência. Despediram-se com grandes demonstrações de afeto os que muito se amavam, apartaram-se enfim, e, se tomardes logo o pulso ao mais enternecido, achareis que palpitam no coração as saudades, que rebentam nos olhos as lágrimas, e que saem da boca alguns suspiros, que são as últimas respirações do amor. Mas, se tomardes depois destes ofícios de corpo presente, que achareis? Os olhos enxutos, a boca muda, o coração sossegado: tudo esquecimento, tudo frieza. Fez a ausência seu ofício, como a morte: apartou, e depois de apartar, esfriou."

A ausência é o segundo remédio do amor. Remédio no sentido de resolver, fazer cessar, fazer acabar, fazer desaparecer, tal qual o remédio age sobre a doença. Lembramos que o autor, neste sermão, anuncia quatro remédios que fazem acabar com o amor: o tempo (tudo cura o tempo); a ausência (que se propõe a demonstrar); a ingratidão (o remédio mais efetivo); e o melhor de objeto (um amor com outro se apaga). A ausência cura enfermidades. Quantos buscam outros climas em busca de cura! Quem busca novos ares muda de clima e de terra. E esta ausência pode curar o mal físico e o amor. O amor decresce na proporção da distância entre o amante e a amada. A lua tem o mesmo destino do amor. Basta a terra se meter entre ela e o sol, para pôr-se em eclipse. A terra é inimiga da lua e do amor. Davi chamou à sepultura terra do esquecimento. A sepultura é a terra da separação entre os vivos e os mortos. E porque separa, faz esquecer. A terra da sepultura é ausência das ausências. Toda mudança do sentimento. Quatro palmos de terra fazem esquecer. Imaginemos a separação de léguas e léguas da terra. A flecha de tiro do cupido não chega tão longe. A flecha cai quando cessa o impulso da corda que a disparou. Na presença de Cristo, Pedro o defende com a espada; na ausência, Pedro nega Cristo três vezes. Os filósofos definem a morte pela ausência e o orador define ausência pela morte. O autor quer agora traçar um paralelo entre os efeitos resultantes da morte e da ausência. A morte provoca dois resultados: divide e esfria. Divide porque separa o corpo e a alma. E o corpo sem a alma é um cadáver. Esfria porque o corpo sem a alma não é outra coisa senão uma estátua de gelo. A ausência – a vice-morte – também provoca seus efeitos, tão expressivos como a própria morte. Observe dois amantes que se despedem. Uma coisa é observá-los no momento da separação. Outra coisa é vê-los já apartados. As ações são antitéticas:

Rebentam nos olhos as lágrimas → olhos enxutos
Saem da boca alguns suspiros → boca muda
Palpitam no coração saudades → o coração sossegado
Grandes demonstrações de afeto → tudo esquecimento, tudo frieza

A ausência tal qual a morte faz sua tarefa: separa os amantes e, separando-os, esfria e congela o amor.

A título de Intertextualidade

Dobrada à Moda do Porto.

Um dia, num restaurante, fora do espaço e do tempo,
Serviram-me o amor como dobrada fria.
Disse delicadamente ao missionário da cozinha
Que a preferia quente,
Que a dobrada (e era à moda do Porto) nunca se come fria.

Impacientaram-se comigo.
Nunca se pode ter razão, nem num restaurante.
Não comi, não pedi outra coisa, paguei a conta,
E vim passear para toda a rua.

Quem sabe o que isto quer dizer?
Eu não sei, e foi comigo...
(Sei muito bem que na infância de toda a gente houve um jardim,
Particular ou público, ou do vizinho.
Sei muito bem que brincarmos era o dono dele.
E que a tristeza é de hoje).

Sei isso muitas vezes,
Mas, se eu pedi amor, porque é que me trouxeram
Dobrada à moda do Porto fria?
Não é prato que se possa comer frio,
Mas trouxeram-mo frio.
Não me queixei, mas estava frio,
Nunca se pode comer frio, mas veio frio.

Álvaro de Campos

Amor – no sentido que usou o poeta, é o sentimento de dedicação absoluta de um ser a outro – devoção extrema. É a atração sexual que um ser sente pelo outro. É um sentimento paradoxal, nos versos de Camões – "Amor é

fogo, que arde sem se ver" – como também um sentimento desvairado nos versos de Bilac – "Tenho frio e ardo em febre! / O amor me acalma e endouda, o amor me eleva e abate!". É nesse sentido que Álvaro de Campos usou, no poema, a palavra amor. Mas, se para Camões, amor "é ferida que dói e não se sente" e para Bilac, o amor faz o amante arder em febre, ao sujeito lírico lhe apresentam o amor frio, sem emoção, calmo, disciplinado. Eis a razão da revolta. Dobrada à moda do Porto come-se quente. No entanto, ao sujeito lírico foi-lhe apresentado o amor como se fora uma fria Dobrada à moda do Porto. A metáfora é facilmente percebida. O restaurante situa-se fora do espaço e do tempo, a cozinha deste restaurante fora do espaço e do tempo, tem um missionário. Percebe-se a solidão do sujeito lírico, nas expressões simbólicas: não comi, não pedi outra coisa, paguei a conta. Há momentos felizes na vida do sujeito: a infância. Lá havia um jardim (símbolo) onde brincou e era dono dele. A solidão acontece na vida adulta. A tristeza é de hoje. E hoje é que lhe servem o amor como dobrada fria. Ardem os amores que apresentam a Camões e a Bilac. Foi apresentado ao sujeito lírico amor gelado. Assim como não se come dobrada à moda do Porto fria, não se ama sem delírio ou desvario, sem excitação ou arrebatamento, sem ardor ou frenesi.
A título de intertextualidade, leia o amor que Brás Cubas narra à Marcela no livro Memórias Póstumas de Brás Cubas de Machado de Assis.

"Gastei trinta dias para ir do Rocio Grande ao coração de Marcela, não já cavalgando o corcel do cego desejo, mas o asno da paciência, a um tempo manhoso e teimoso. (...)

Teve duas fases a nossa paixão, ou ligação, ou qualquer outro nome, que eu de nomes não curo; teve a fase consular e a fase imperial. Na primeira, que foi curta, regemos o Xavier e eu, sem que ele jamais acreditasse dividir comigo o governo de Roma; mas, quando a credulidade não pôde resistir à evidência, o Xavier depôs as insígnias, e eu concentrei todos os poderes na minha mão; foi a fase cesariana. Era meu o universo; mas, ai triste! não o era de graça. Foi-me preciso coligir dinheiro, multiplicá-lo, inventá-lo. Primeiro explorei as larguezas de meu pai; ele dava-me tudo o que eu lhe pedia sem repreensão sem demora, sem frieza; dizia a todos que eu era rapaz e que ele o fora também. Mas a tal extremo chegou o abuso, que ele restringiu um pouco as franquezas, depois mais, depois mais. Então recorri a minha mãe, e induzi-a a desviar alguma cousa, que me dava às escondidas. Era pouco; lancei mão de um recurso último: entrei a sacar sobre a herança de meu pai, a assinar obrigações, que devia resgatar um dia com usura".

O espaço físico do amor servido a Álvaro de Campos é um restaurante, fora do tempo e do espaço. Brás Cubas, da Praça do Rocio Grande, lugar onde teve o primeiro encontro com Marcela até conquistar seu amor, demorou trinta dias. No início, amor sensualíssimo, dobrada à moda do porto quente. (Cavalgando o corcel do cego desejo). Depois, amor persistente, teimoso, cheio de manha, dobrada à moda do porto fria (cavalgando... o asno da paciência, a um tempo manhoso e teimoso). Duas fases o amor de Brás Cubas. A fase consular em que o dividia com Xavier. O governo dos cônsules era partilhado por várias pessoas. A fase imperial em que tinha a posse exclusiva de Marcela. O governo imperial na Roma antiga era exercido por um só homem – César. Era preciso dinheiro pra garantir a posse de Marcela, e este fora buscar ao pai, à mãe e, por último, a agiotas. Amor é prato que se coma, cavalgando o corcel do cego desejo. Amor não é prato que se possa comer frio.

Texto V (Ano 1643)

"O terceiro remédio do amor é a ingratidão. Assim como os remédios mais eficazes são ordinariamente os mais violentos, assim a ingratidão é o remédio mais sensitivo do amor, e juntamente o mais efetivo. A virtude que lhe dá tamanha eficácia, se eu bem o considero, é ter este remédio da sua parte a razão. Diminuir o amor o tempo, esfriar o amor a ausência, é sem-razão de que todos se queixam; mas que a ingratidão mude o amor e o converta em aborrecimento, a mesma razão o aprova, o persuade, e parece que o manda. Que sentença mais justa que privar do amor a um ingrato? O tempo é natureza, a ausência pode ser força, a ingratidão sempre é delito. Se ponderarmos os efeitos de cada um destes contrários, acharemos que a ingratidão é o mais forte. O tempo tira ao amor a novidade, a ausência tira-lhe a comunicação, a ingratidão tira-lhe o motivo. De sorte que o amigo, por ser antigo, ou por estar ausente, não perde o merecimento de ser amado; se o deixamos de amar não é culpa sua, é injustiça nossa; porém, se foi ingrato, não só ficou indigno do mais tíbio amor, mas merecedor de todo o ódio. Finalmente o tempo e a ausência combatem o amor pela memória, a ingratidão pelo entendimento e pela vontade."

São inimigos do amos humano o tempo, a ausência, a ingratidão e o melhor objeto. Nesta passagem, o autor cuida da ingratidão, o terceiro remédio do amor. A ingratidão é o remédio mais efetivo. Quanto mais eficaz o remédio, mais violento é. Assim, a ingratidão é o remédio violento e de eficácia imediata. A ingratidão, separando os amantes, tem ao seu lado a razão. Nada mais fácil entender que o amante ingrato merece desprezo e repulsa. Pode o homem lamentar que o tempo diminua o amor. Pode não entender que a ausência esfrie o amor. Mas entende e não lamenta que a ingratidão faz cessar, de pronto, o amor. Mais. A ingratidão transforma o sentimento de amor em ódio, seu contrário. A ingratidão destrói o amor... e a razão assim aprova, persuade e ordena. Ocorre que o ingrato merece castigo... e não há maior castigo que a ausência de amor e a presença de aborrecimento. O tempo acaba com o amor. Mas o tempo é um fenômeno natural. A ausência acaba com o amor. Mas a ausência é um fenômeno circunstancial.

A ingratidão acaba com o amor. Contudo, a ingratidão não é natural nem circunstancial. É crime. Com o tempo, cessa a novidade. Com a ausência, cessa a comunicação. Com a ingratidão, cessam o motivo e a razão de amar. O tempo acaba com o amor, mas pode haver um amor antigo. A ausência acaba com o amor, mas não acaba com o merecimento daquele amor. A ingratidão acaba com o amor... e acaba logo após o ato indigno. Depois da ingratidão, não há mais tempo de amar. Depois da ingratidão, não há mais merecimento do amor. A ingratidão acaba com o amor e deixa marca. A marca é o ódio que o ex-amante tem pelo ex-amado. Em resumo: o tempo e a ausência afetam a memória. O entendimento e a vontade é que são afetados pela ingratidão.

Texto V (Ano 1643)

A título de intertextualidade

Quando o Sol encoberto vai mostrando

Camões

Quando o Sol encoberto vai mostrando
Ao mundo a luz quieta e duvidosa,
Ao longo de uma praia deleitosa
Vou na minha inimiga imaginando.

Aqui a vi, os cabelos concertando;
Ali, com a mão na face tão formosa;
Aqui falando alegre, ali cuidosa;
Agora estando queda, agora andando.

Aqui esteve sentada, ali me viu,
Erguendo aqueles olhos tão isentos;
Comovida aqui um pouco, ali segura;

Aqui se entristeceu, ali se riu;
E, enfim, nestes cansados pensamentos
Passo esta vida vã, que sempre dura.

Do livro "Camões Lírico"
Antônio Afonso Borregana
Texto Editora
páginas 31 a 33

1. Certamente, o assunto do poema, na sua essência, é o seguinte:
a) o poeta, ao longo de uma praia e à luz de um sol tímido, evoca diversas atitudes contraditórias da sua amada, concluindo que assim está condenado a levar uma vida sem sentido;
b) o movimento circular de que é exemplo a primeira quadra: os três primeiros versos vão traçando círculos de diâmetro mais apertado – a rota do sol, a esfera do mundo, a curva da praia – até o último verso da

quadra revelar o poeta – centro de tudo ("vou na minha inimiga imaginando");

c) um retrato de mulher, pintado de cima para baixo – os cabelos, a face, a boca (sugerida através do verbo falar), finalmente o vulto todo, ora estático, ora em movimento;

d) um retrato interior de uma mulher onde aparecem comoção, segurança, tristeza, alegria – o que acaba por dar ao conjunto do retrato o perfil psicológico;

e) a imagem de uma mulher irreal, miragem – que o deserto da praia, sob a luz quieta e duvidosa de um sol encoberto, não cessa de ir produzindo.

2. O desenvolvimento do assunto se faz dividido em três partes lógicas:
I. Na primeira parte (primeira quadra), o poeta descreve o espaço ("ao longo de uma praia deleitosa") e o tempo ("o sol encoberto; de luz incerta e duvidosa") em que ele estava imaginando a sua amada.
II. Na segunda parte (segunda quadra, primeiro terceto e primeiro verso do segundo terceto), o poeta faz a descrição evocativa da sua amada, apontando as suas atitudes contraditórias.
III. Finalmente, na terceira parte (dois últimos versos), o poeta, a título de conclusão, aponta as repercussões das atitudes contraditórias da mulher amada na sua vida (sempre vã, sem sentido).

Responda assim:
a) desde que corretas I, II e III
b) desde que corretas apenas I e II
c) desde que corretas apenas II e III
d) desde que corretas apenas I e III
e) desde que erradas I, II e III

3. O adjetivo expressivo tem função primordial na caracterização do estado de espírito, quer do poeta, quer da sua namorada. Assinale a alternativa falsa:

a) Logo na primeira quadra, o poeta afirma que vai imaginando na sua "inimiga". Esse adjetivo substantivado sugere não só a falta de correspondência da sua namorada, como também um certo ciúme da parte do poeta

b) "Inimiga" contrapõe-se àquilo que deveria ser uma namorada: amiga

c) A praia era "deleitosa". O adjetivo "deleitosa" funciona como antítese do estado de vida amargurada que a incerteza da amada provoca no poeta;

d) Os adjetivos referentes ao tempo (sol "encoberto", luz "quieta" e "duvidosa") são a premonição da luz que se vai apagando na alma do poeta. A própria natureza prevê e sente a tristeza do poeta;
e) Ainda a caracterizar o estado psíquico do poeta encontramos: "cansados" pensamentos e vida"vã". No texto, ambos os adjetivos ("cansados" e "vã") têm o mesmo sentido.

4. Vejamos agora a caracterização da namorada, segundo a memória do poeta. Assinale a falsa:
a) Um adjetivo expressivo: face "formosa". Note o valor adverbial destes dois adjetivos: "Aqui falando <u>alegre</u>, ali <u>cuidosa</u>"
b) Olhos "isentos" (despreocupados, não interessados no poeta); "Como-vida aqui, ali segura". A expressividade destes dois adjetivos ressalta pelo fato de tratar-se de adjetivação antitética, como também antitéticos os advérbios "aqui" e "ali"
c) Aliás, toda a caracterização da namorada (caracterização indireta pelas suas atitudes) é feita por contrastes ou antíteses: "Aqui a vi, os cabelos concertando"; / "Ali com a mão na face tão formosa"; / "Aqui falando alegre, ali cuidadosa"; / "agora estando queda, agora andando"; / "Aqui se entristeceu, ali se riu"
d) Tudo é belo na namorada: a face (formosa), quando fala (alegre); outras vezes recatada (cuidosa). Porém os cabelos não merecem a admiração do poeta como se deduz do verso: "Aqui a vi, os cabelos concertando"
e) É de realçar a visualidade que a conjugação perifrástica e o uso do gerúndio imprimem à descrição: "vai mostrando"; "vou imaginando"; "os cabelos concertando"; "falando alegre"; "estando queda"; "andando"; "erguendo aqueles olhos". Assim temos a sensação de ver o poeta a imaginar e a namorada a agir

5. O tempo é cronológico... O poeta fala do presente, do passado e do futuro. Observe:
I. No princípio do poema aparece-nos o presente ("Quando o sol... vai mostrando, vou... imaginando"). E o presente do poeta é a hora da meditação da sua perplexidade, do seu sofrimento.
II. Logo que o poeta começa a evocar a sua amada, surge o passado (vi, esteve, entristeceu). O passado é, pois, a experiência vivida, que não dá ao poeta felicidade no presente.

III. A segunda oração do último verso fala do futuro ("Passo esta vida vã, <u>que sempre dura</u>"). E o futuro não deixa margem ao otimismo. O poeta continuará no futuro, uma vida sem sentido.

Responda assim:

a) Desde que corretas I, II e III

b) Desde que corretas apenas I e II

c) Desde que corretas apenas II e III

d) Desde que corretas apenas I e III

e) Desde que erradas I, II e III

6. Leia ambas as proposições:
I. O retrato da mulher é sobretudo psíquico. As suas atitudes, mesmo quando físicas, revelam qualidades da alma. ("cabelos concertando"; "mão na face"; "falando alegre"; "ali cuidadosa"; "agora queda"; "agora andando"...).
II. Mas, quando o poeta a apelida de inimiga, revelando a queixa de não ser correspondido, condenado a levar uma vida vã (sem a correspondência da namorada), já duvidamos que o seu amor se contenha dentro dos limites do amor espiritual.
As proposições I e II falam, respectivamente, do amor:

a) Erótico e carnal

b) Carnal e erótico

c) Platônico e sensual

d) Venéreo (de Vênus) e petrarquista (de Petrarca)

e) Carnal e espiritual

7. Só uma das palavras ou expressões grifadas tem a função sintática de objeto direto:

a) "Quando o sol encoberto vai mostrando / <u>Ao mundo</u> a luz quieta e duvidosa..."

b) "Aqui falando <u>alegre</u>"

c) "Aqui a vi, <u>os cabelos</u> concertando..."

d) "Agora estando <u>queda</u>, agora andando"

e) "Aqui esteve <u>sentada</u>, ali me viu..."

8. Quando o Sol encoberto vai mostrando
Ao mundo a luz quieta e duvidosa,
Ao longo de uma praia deleitosa

Vou na minha inimiga imaginando.
Oração principal:

a) Quando o sol encoberto vai mostrando
b) Quando o Sol encoberto vai mostrando / Ao mundo a luz quieta e duvidosa
c) Quando o Sol encoberto vai mostrando / Ao mundo a luz quieta e duvidosa, / Ao longo de uma praia deleitosa
d) Ao longo de uma praia deleitosa / Vou na minha inimiga imaginando
e) Vou na minha inimiga imaginando

9. Identifique a figura de linguagem prosopopéia ou seja, a personificação, animização:

a) Quando o sol encoberto vai mostrando / Ao mundo a luz quieta e duvidosa
b) Ao longo de uma praia deleitosa / Vou na minha inimiga imaginando
c) Aqui a vi, os cabelos concertando; / Ali, com a mão na face tão formosa
d) Aqui falando alegre, ali cuidosa; / Agora estando queda, agora andando
e) Aqui esteve sentada, ali me viu, / Comovida aqui um pouco, ali segura

10. Sobre as características do Renascimento, estilo de época em que se inserem os sonetos de Camões, só é falso o seguinte:

a) o homem é guiado pela ciência
b) o destino das nações é conduzido por Deus
c) volta à cultura greco-latina
d) vontade de glória e fama terrenas
e) o modelo de vida e arte é a natureza

11. Camões escreveu versos famosos. Só em uma alternativa não aparecem versos de sua autoria:

a) Amor é fogo que arde sem se ver, / É ferida que dói e não se sente...
b) Só a leve esperança, em toda a vida, / Disfarça a pena de viver, mais nada
c) Alma minha gentil que te partiste, / Tão cedo desta vida descontente
d) Sete anos de pastor Jacó servia / Labão, pai de Raquel, serrana bela
e) Transforma-se o amador na coisa amada, / Por virtude de muito imaginar

12. "Erguendo aqueles olhos tão <u>isentos</u>". Se os olhos da moça estão isentos, então os olhos dela estão:

a) Limpos, claros, livres

b) Desprovidos de alguma coisa, talvez de luz e claridade

c) Sós, solitários, isolados

d) Irresolúveis, insolúveis, olhos que não oferecem soluções

e) Despreocupados, não presos no poeta, indiferentes ao poeta

13. Rima rica opera-se entre palavras de diferente classe gramatical; rima pobre opera-se entre palavras de mesma classe gramatical. Classifique as rimas:
duvidosa / deleitosa
isentos / pensamentos
segura / dura

a) Rica, pobre, rica

b) Pobre, rica, rica

c) Pobre, rica, pobre

d) Rica, rica, rica

e) Pobre, pobre, pobre

14. Aqui a vi, os cabelos <u>concertando</u>. O sentido que o autor deu ao verbo concertar, é semelhante a este:

a) pôr em bom estado ou condição o que estava danificado ou estragado, como em "consertar o terno para ir ao baile"

b) harmonizar, conciliar, como em "é hábil em concertar opiniões divergentes"

c) pôr em boa ordem, dar melhor disposição, compor, ajustar, como em "examinou as luvas, concertou a gravata e só assim entrou no salão"

d) pactuar, combinar, como em "concertamos uma viagem que infelizmente não se realizou"

e) concordar, anuir, como em "todos concertaram em adiar a reunião".

Texto VI (Ano 1643)

"É pois o quarto e último remédio do amor, e com o qual ninguém deixou de sarar: o melhorar de objeto. Dizem que um amor com outro se paga, e mais certo é que um amor com outro se apaga. Assim como dois contrários em grau intenso não podem estar juntos em um sujeito, assim no mesmo coração não podem caber dois amores, porque o amor que não é intenso não é amor. Ora, grande coisa deve de ser o amor, pois, sendo assim, que não bastam a encher um coração mil mundos, não cabem em um coração dois amores. Daqui vem que, se acaso se encontram e pleiteiam sobre o lugar, sempre fica a vitória pelo melhor objeto. É o amor entre os afetos como a luz entre as qualidades. Comumente se diz que o maior contrário da luz são as trevas, e não é assim. O maior contrário de uma luz é outra luz maior. As estrelas no meio das trevas luzem e resplandecem mais, mas em aparecendo o sol, que é luz maior, desaparecem as estrelas. Grande luz era o Batista antes de vir Cristo ao mundo; apareceu Cristo, que era a verdadeira luz: Erat lux vera, quae illuminat omnem hominem, e que lhe sucedeu ao Batista? Logo deixou de ser luz: Non erat ille lux. O mesmo lhe sucede ao amor, por grande e extremado que seja. Em aparecendo o maior e melhor objeto, logo se desamou o menor."

O quarto e o último remédio do amor. O autor já dissertou sobre o tempo, a distância, a ingratidão. Nesta passagem, disserta sobre o melhor de objeto. O melhor de objeto é remédio que ninguém deixou de sarar, ou seja, todos os humanos já fomos curados de um amor quando aparece outro amor. O segundo tem que ser superior ao primeiro para poder superá-lo. Melhor de objeto. Há uma máxima que ensina: "um amor com outro se paga". O orador questiona a validade do provérbio. Para ele, na verdade, "um amor com o outro se apaga". Para o primeiro conceito, um amor é correspondido com outro amor. Ama-se e se é amado, ou ainda: para ser amado é bastante que se ame. Para o segundo conceito, tão a gosto do barroco, o verbo "pagar" da máxima é substituído pelo verbo "apagar" e o anexim ganha outro significado: um amor se apaga na presença de outro amor.

"Com outro", na primeira oração, é adjunto adverbial de meio. "Com outro", na segunda oração, é adjunto adverbial de causa. Assim: o amor se paga através de outro amor e o amor se apaga por causa de outro amor. Dois contrários intensos não podem conviver. Luz e trevas; prisão e liberdade; individualidade e automação. Vai agora o orador demonstrar que o contrário de um amor é um outro amor maior. Então dois amores não podem caber no mesmo indivíduo. O mundo pode caber no coração humano exceto dois amores. Eis o paradoxo. Assim, se dois amores disputam o mesmo coração, este elege o melhor objeto. O amor (substantivo abstrato) é como a luz (substantivo concreto). Uma luz grandiosa sufoca uma luz pouco intensa; um amor grandioso sufoca um amor menor. O orador prova. O contrário da luz não é as trevas. É outra luz maior. O sol quando surge na aurora dispersa a luz das estrelas. Nas trevas as estrelas luzem. Ao lado do sol, desaparecem as estrelas. Em Os Lusíadas se lê:

"A matutina luz serena e fria
As estrelas do polo já apartava..."

Batalha de Ourique
Canto III Estrofe 45

Batista era uma estrela. Cristo era o sol. Batista era grande, imenso, sublime. Aparece Cristo que é o sol e sufoca Batista, que é a estrela. Assim é o amor. Surge o amor maior e melhor objeto, tal como a luz do sol, faz desaparecer o menos amor.

A título de intertextualidade

Eu vi a linda Estela, e namorado
Fiz logo eterno voto de querê-la;
Mas vi depois a Nise, e a achei tão bela
Que merece igualmente o meu cuidado.
II
A qual escolherei, se neste estado
Não posso distinguir Nise de Estela?
Se Nise vir aqui, morro por ela;
Se Estela agora vir, fico abrasado.
III
Mas, ah! que aquela me despreza amante,
Pois sabe que estou preso em outros braços,
E esta não me quer por inconstante.
IV
Vem Cupido, soltar-me desses laços;
Ou faz de dois semblantes um semblante,
Ou divide o meu peito em dois pedaços.

ESTELA E NISE
Alvarenga Peixoto

Grande parte da poesia de Alvarenga Peixoto tem caráter laudatório: "Ode à Rainha D. Maria", "À Maria Efigênia", "Estela e Nise", "A Aleia", "A lástima", "A saudade". Sua obra é pequena e sem personalidade, em comparação com a de seus contemporâneos. Contudo, realizou uma boa poesia quando cultua a paz e questiona a política do colonialismo. Este soneto que se transcreve, aproxima-se, à sua maneira, do texto de Vieira. No sermonista, cessa o amor quando surge um amor maior. Em Alvarenga, ambos os amores são imensos e sublimes e prefere a fusão de ambos em um ou a divisão de seu "eu" em dois pedaços. O poeta inicia o soneto, declarando que teve dois amores à primeira vista. Viu linda Estela e já lhe confessou voto de querê-la. Viu a bela Nise e igualmente apaixonou-se por ela. Duas mulheres, dois amores. Dois amores à primeira vista. Ambas lindas, ambas belas. Para Vieira, o amor maior sufoca o amor menor. Para Alvarenga, o segundo amor não sufoca o primeiro por serem ambos iguais. As circunstâncias fazem aumentar a dúvida, já que o amante não sabe distinguir Nise de Estela. Ao ver Nise, morre por ela; ao ver Estela, fica em brasa. "Se Nise vir aqui" (se eu vir Nise aqui) "Se Estela agora vir" (Se eu vir agora Estela). O conflito é inevitável. Nise não aceita o sujeito lírico como amante, pois sabe de seu amor por Estela... e Estela não aceita o sujeito lírico como amante pois sabe de seu amor por Nise. Infiel e inconstante. O poeta invoca cupido, a criança de olhos vedados e símbolos do amor. Pede-lhe que resolva o conflito. Que faça cupido uma só mulher de Nise e Estela ou que divida seu coração em dois pedaços. O poema é um soneto, catorze versos distribuídos em dois quartetos e dois tercetos. As rimas são expressivas e, por si mesmas, remetem ao tema do poema:

Namorado, cuidado, estado, abrasado.
Amante, inconstante, semblante.
Braços, laços, pedaços.

Dois amores, Fique com o maior; prega Vieira. Dois amores, fique com ambos, diz o poeta, fazendo de dois semblantes um só semblante ou dividindo o peito em dois pedaços.

Sermão do Mandato

Pregado na Capela Real, ano de 1645.

"Dou-vos um mandamento novo: amai-vos uns aos outros como eu vos amei". Este é o "mandato" ou mandamento que Cristo ordenou aos seus discípulos na última ceia. É o novo mandamento, segundo diz, e proclamado após ter lavado os pés de seus apóstolos. O sermão inicia-se com o Versículo I, do Capítulo 13, do Evangelho de João: "Sabendo Jesus que viera a sua hora para passar deste mundo ao pai, tendo amado os seus que estavam no mundo, amou-os até o fim". O orador considera que a intenção do Evangelista foi mostrar a ciência de Cristo e mostrar a ignorância dos homens. Adverte o Evangelista que Cristo amou, sabendo (sciens) e os homens foram amados, ignorando (nescis). Este é o tema do Sermão. O orador vai provar e demonstrar que Cristo amou finamente porque amou sabendo e os homens foram finamente amados, porque foram amados, ignorando. Mais. Cristo amou sabendo, como se amasse ignorando, e os homens foram amados ignorando, como se fossem amados, sabendo. Este Sermão vai desvendar este paradoxo. É o que se propõe demonstrar. Vai demonstrar que quatro ignorâncias podem concorrer em um amante, que diminuam muito a perfeição e merecimento de seu amor:

1. O amante não conhece a si mesmo
2. O amante não conhece a quem ama
3. O amante não conhece o amor
4. O amante não conhece o fim onde há de parar, amando

Texto I (Ano 1645)

"Primeiramente só Cristo amou, porque amou sabendo: *Sciens*. Para inteligência desta amorosa verdade, havemos de supor outra não menos certa, e é que, no Mundo e entre os homens, isto que vulgarmente se chama amor, não é amor, é ignorância. Pintaram os Antigos ao amor menino; e a razão, dizia eu o ano passado, que era porque nenhum amor dura tanto que chegue a ser velho. Mas esta interpretação tem contra si o exemplo de Jacob com Raquel, o de Jónatas com David, e outros grandes, ainda que poucos. Pois se há também amor que dure muitos anos, porque no-lo pintam os sábios sempre menino? Desta vez cuido que hei-de acertar a causa. Pinta-se o amor sempre menino, porque ainda que passe dos sete anos, como o de Jacob, nunca chega à idade de uso da razão. Usar de razão e amar, são duas cousas que não se juntam. A alma de um menino que vem a ser? Uma vontade com afectos e um entendimento sem uso. Tal é o amor vulgar. Tudo conquista o amor, quando conquista uma alma; porém o primeiro rendido é o entendimento. Ninguém teve a vontade febricitante, que não tivesse o entendimento frenético. O amor deixará de variar, se for firme, mas não deixará de tresvariar se é amor. Nunca o fogo abrasou a vontade, que o fumo não cegasse o entendimento. Nunca houve enfermidade no coração. que não houvesse fraqueza no juízo. Por isso os mesmos pintores do amor lhe vendaram os olhos. E como o primeiro efeito ou a última disposição do amor, é cegar o entendimento, daqui vem que isto que vulgarmente se chama amor. tem mais partes de ignorância; e quantas partes tem de ignorância, tantas lhe faltam de amor. Quem ama porque conhece, é amante; quem ama porque ignora é néscio. Assim como a ignorância na ofensa diminui o delito, assim no amor diminui o merecimento. Quem, ignorando, ofendeu, em rigor não é delinquente; quem, ignorando, amou, em rigor não é amante."

Amar, ignorando, é próprio da condição humana. Amar, sabendo, é expressão sublime, reservado apenas a Jesus Cristo. Amar e ignorar são manifestações que não se coadunam. Por isso, o sentimento que os homens chamam de amor não é outra coisa, senão ignorância. Os antigos representavam o amor como um menino nu, alado, com um arco e flecha. O menino é Eros para os gregos e Cupido para os romanos. Gregos e romanos pagãos. Este menino é o símbolo do amor, disparando flechas sobre seus escolhidos. Diz o orador que, em 1643 (o ano passado), estava equivocado. Julgou ser um menino o símbolo do amor, porque não existe amor que chegue até a velhice. Vieira nega, pois, o que afirmara no outro Sermão do Mandato, pregado em 1643, em Lisboa, na Capela do Hospital Real. A passagem daquele Sermão, agora negado por Vieira, inicia-se assim:

"Tudo cura o tempo, tudo faz esquecer, tudo gasta, tudo digere, tudo acaba... Por isso os antigos sabiamente pintaram o amor menino, porque não há amor tão robusto, que chegue a ser velho". O Sermonista muda de opinião. Os amores de Jacó com Raquel e Jônatas com David fazem o orador mudar de opinião. É que estes amantes amaram-se muitos anos.

Jacó amou Raquel – Genêsis, Capítulo 29, Versículo 9 e seguidos. Jônatas amou David – Samuel, Capítulo 18 e seguidos. Jônatas era filho de Saul. Jônatas era cunhado de David. Entre ambos existiu profunda amizade. O amor de David, por Jônatas, se lê na elegia composta por David depois que Jônatas morre na batalha dos montes de Gelboé, narrada em Samuel, Capítulo I, versículos 21 a 27. A elegia composta por David é poética e de profundo lirismo. Se Jacó amou Raquel tanto tempo... Se David amou Jônatas tanto tempo... Por que os antigos dão a um menino (o cupido) o símbolo do amor? Porque o amor, segundo o orador, nunca chega à idade da razão. Para a Igreja, sete anos é a idade razão. Usar da razão e amar são coisas que não se juntam. Vieira traz ao discurso um conceito já tradicional na literatura clássica. Conceito que sempre explora o binômio amante/néscio; ou demente/amante. Lê-se em Publílio Siro: "Amar e ter juízo só a um deus é concedido". O amor mundano é tal qual a alma de um menino: um desejo afetado e um conhecimento sem uso. Um amor, conquistando o amante, conquista-lhe também a razão. Ninguém teve um amor intenso e febril que não tivesse a razão desvairada. Amor mundano tresvaria, fica fora de si, delira. Quando o amor queima a alma do amante, a fumaça desse fogo encobre a razão. A debilidade do juízo é resultado de um coração amante. Eis por que cupido sempre aparece de olhos vendados. Na antiguidade, cupido não aparece de olhos vendados. Na idade-média aparecem as primeiras imagens de cupido com os olhos vendados, associando assim o amor ao pecado e à falta de conhecimento. O amor cega o entendimento. O amor humano é repleto de ignorância. Quanto maior a ignorância, menor a possibilidade do verdadeiro amor. Só quem conhece pode amar. Quem ama sem conhecer é ignorante e estúpido. Quem, ignorando, pratica um crime, não pode ser criminoso. Quem, ignorando, ama, não pode ser amante.

O ritmo que Vieira dá ao texto é impressionante. Algumas passagens podem ser consideradas prosas poéticas.

Observe:

Tu |do| con |quis|ta o a|mor| quan|do| con|quis|ta u|ma al|ma;
1   2   3   4   5   6   7   8   9   10   11   12   X

Po|rém| o| pri|mei|ro |ren|di|do é o en|ten|di|men|to
1   2   3   4   5   6   7   8   9   10   11   12   X.

Perfeitos versos alexandrinos.

Observe mais:

Nin|guém| te|ve a |von|ta|de| fe|bri|ci|tan|te
1   2   3   4   5   6   7   8   9 10 11

Que| não| ti|ves|se o en|ten|di|men|to| fre|né|tico
1   2   3   4   5   6   7   8   9   10 11

A Título de Intertextualidade

Os Efeitos Contraditórios do Amor.

Embora exaustivamente procurado pelo homem, o amor é um sentimento contraditório. O amor é um sentimento contraditório sempre tão fascinante e ao mesmo tempo tão perturbador. O exemplo mais eloqüente em Camões é o famoso "Amor é fogo que arde sem se ver", que já nos indica uma contradição. Se amor é fogo, porque sua chama não é vista? "É ferida que dói e não se sente". Manifesto é o paradoxo. Como é possível "dor não sentida"? Vários poemas de Camões buscam seu tema nas contradições do amor.

Tanto de meu estado me acho incerto

Camões

Tanto de meu estado me acho incerto,
Que em vivo ardor tremendo estou de frio;
Sem causa, juntamente choro e rio,
O mundo todo abarco e nada aperto.

É tudo quanto sinto, um desconcerto;
Da alma um fogo me sai, da vista um rio;
Agora espero, agora desconfio,
Agora desvario, agora acerto.

Estando em terra, chego ao Céu voando,
Numa hora acho mil anos, e é de jeito
Que em mil anos não posso achar uma hora.

Se me pergunta alguém porque assim ando,
Respondo que não sei; porém suspeito
Que só por que vos vi, minha Senhora.

É um soneto que revela o conflito e as contradições do amor. Na primeira quadra, os ardores de frio somam-se às crises de descontrole nervoso como também à desconfortável sensação de ter tudo e não ter nada. "Tremendo estou de frio", "juntamente choro e rio", "o mundo todo abraço e nada aperto". Na segunda quadra, o desconcerto psicológico acentua-se: o fogo (a paixão) lhe sai da alma. Um rio (as lágrimas) lhe sai da vista e certamente estas apagam o fogo da paixão. Agora... Agora... ou seja, ao mesmo tempo a esperança e a desconfiança, como também ao mesmo tempo a loucura (desvario) e a razão (acerto). No primeiro terceto, o desconcerto é espacial e temporal. Espacial ("Estando em terra chega ao céu voando"). Temporal ("Numa hora acho mil anos, e é de jeito/que em mil anos não posso achar uma hora"). No conflito temporal, uma referência ao salmo bíblico 90 – 4: "Pois mil anos a teus olhares/são como o dia de ontem que passou". No segundo terceto, o poeta imagina, não com absoluta certeza, uma hipótese para tão cruel desconcerto: "... só porque vos vi, minha senhora". Bastou o poeta ter visto esta mulher, bastou para levá-lo a um estado de descontrole psicológico, tal qual magistralmente descreve.

Soneto em versos decassílabos heróicos.

Tan/to/ de /meu/ es/ta/do /me a/cho in/cer/to.
 1   2   3   4   5   6   7   8   9   10   X

O nono verso é decassílabo sáfico.

Es/tan/do em/ ter/ra/ che/ga ao/ céu vo/an/do.
 1   2   3   4   5   6   7   8   9   10 X

A rima obedece à seguinte posição ABBA/ABBA/CDE/CDE

Um poeta que revele o desconcerto e as contradições do amor, só pode usar e abusar das antíteses.

"que em vivo **ardor** tremendo estou de **frio**"
"sem causa **juntamente choro** e **rio**"
"o mundo todo **abarco** e **nada aperto**"
"da alma um **fogo** me sai, da vista em **rio**"

"agora **espero**, agora **desconfio**"
"agora **desvario**, agora **acerto**"
"estando em terra, chego ao céu voando"
"**numa hora acho mil anos**"
"**em mil anos não posso achar uma hora**"

Texto II (Ano 1645)

"Em todas as coisas que Cristo obrou neste mundo, manifestou sempre o muito que amava aos homens. Contudo, uma palavra disse na cruz em que parece se não mostrou muito amante: Sitio: Tenho sede. Padecer Cristo aquela rigorosa sede, amor foi grande; mas dizer que a padecia, e significar que lhe dessem remédio, parece que não foi amor. Afeto natural sim, afeto amoroso não. Quem diz a vozes o que padece, ou busca o alívio na comunicação, ou espera o remédio no socorro, e é certo que não ama muito a sua dor quem a deseja diminuída ou aliviada. Quem pede remédio ao que padece, não quer padecer; não querer padecer não é amar: logo, não foi ato de amor em Cristo dizer: Sitio: Tenho sede.
Não assim Cristo, porque quando disse Sitio, sabia muito bem que, acabados já todos os outros tormentos, faltava só por cumprir a profecia do fel: *Sciens quia omnia consummata sunt, ut consummaretur Scriptura, dixit*: Sitio. E assim aquelas tibiezas que considerávamos, parecia que não eram amor, e eram as maiores finezas; parecia que eram um desejo natural, e eram o mais amoroso e requintado afeto. Se Cristo dissera tenho sede, cuidando que lhe haviam de dar água, era pedir alívio; mas dizer tenho sede, sabendo que lhe haviam de dar fel, era pedir novo tormento. E não pode chegar a mais um amor ambicioso de padecer, que pedir os tormentos por alívios, e para remediar uma pena, dizer que lhe acudiam com outra. Dizer Cristo que tinha sede não foi solicitar remédio à necessidade própria: foi fazer lembrança à crueldade alheia. Como se dissera: Lembrai-vos homens do fel que vos esquece: Sitio. Tão diferente era a sede de Cristo do que parecia. Parecia desejo de alívios, e era hidropisia de tormentos."

Nesta passagem, Vieira demonstra o grande poder de convencimento. Força a interpretação do texto bíblico para comprovar sua tese. Cristo amou muito os homens, mas na cruz demonstrou fraqueza ao pedir lhe dessem água. Sítio _ tenho sede. É o que se lê no evangelho de João, Capítulo 19, versículo 28: "Depois, vendo Jesus que tudo já estava consumado, para se cumprir a escritura, disse: Tenho sede!". Quem pede água quer ver diminuída sua dor, daí fraco, covarde, arrependido; busca alívio, pede socorro, espera remédio, quer ver a dor aliviada e suprimida. O silogismo inicial é simples:

Quem pede remédio não quer sofrer;
na cruz Cristo pede remédio (água);
Então Cristo não quer sofrer.
Não querendo sofrer, acovardou-se;
Logo pediu água não foi um ato de amor.

É do estilo de Vieira montar um silogismo, provar aquilo que para o leitor ou ouvinte pareça absurdo, e depois desmontar o argumento para, elaborando outro silogismo, chegar à sua tese. Por isso pergunta: Será isso assim? Ou seja, é mesmo Cristo um covarde quando pede lhe deem água (Sítio)? Vem agora a elaboração de novo silogismo. Faltava cumprir a profecia do fel. Estava escrito que lhe dariam fel. É preciso cumprir, passagem por passagem, tudo que previa o Antigo Testamento. Quem pede fel não quer ver sua dor diminuída na cruz, Cristo disse "Tenho sede" como se dissesse "falta-vos dar vinagre", de acordo com a profecia. Logo, Cristo não quis ver sua dor diminuída. Se pedisse água, sabendo que lhe dariam água, seria covardia. Pediu água sabendo que lhe dariam fel. Eis um ato de amor à humanidade. Parecia desejo de alívio e era hidropisia (acumulação mórbida de serosidade – nas partes do corpo, especialmente no abdômen). Mas a hidropisia de que fala, não é de água; é hidropisia de tormentos.

A Título de Intertextualidade

Vem sentar-te comigo, Lídia, à beira do rio
Vem sentar-te comigo Lídia, à beira do rio.
Sossegadamente fitemos o seu curso e aprendamos
Que a vida passa, e não estamos de mãos enlaçadas.
    (Enlacemos as mãos.)

Depois pensemos, crianças adultas, que a vida
Passa e não fica, nada deixa e nunca regressa,
Vai para um mar muito longe, para ao pé do Fado,
    Mais longe que os deuses.

Desenlacemos as mãos, porque não vale a pena cansarmo-nos
Quer gozemos, quer não gozemos, passamos como o rio.
Mais vale saber passar silenciosamente
    E sem desassossegos grandes.

Sem amores, nem ódios, nem paixões que levantam a voz,
Nem invejas que dão movimento demais aos olhos,
Nem cuidados, porque se os tivesse o rio sempre correria,
    E sempre iria ter ao mar.

Amemo-nos tranquilamente, pensando que podíamos,
Se quiséssemos, trocar beijos e abraços e carícias,
Mas que mais vale estarmos sentados ao pé um do outro
    Ouvindo correr o rio e vendo-o.

Colhamos flores, pega tu nelas e deixa-as
No colo, e que o seu perfume suavize o momento -
Este momento em que sossegadamente não cremos em nada,
    Pagãos inocentes da decadência.

Ao menos, se for sombra antes, lembrar-te-ás de mim depois
Sem que a minha lembrança te arda ou te fira ou te mova,
Porque nunca enlaçamos as mãos, nem nos beijamos
   Nem fomos mais do que crianças.

E se antes do que eu levares o óbolo ao barqueiro sombrio,
Eu nada terei que sofrer ao lembrar-me de ti.
Ser-me-ás suave à memória lembrando-te assim - à beira-rio,
   Pagã triste e com flores no regaço.

Ricardo Reis
Do livro "Introdução à Leitura
de Fernando Pessoa e Heterônimos"
Avelino Soares Cabral – Edições Sabenta
páginas 63 – 68

Questões de 1 a 6:

O poema pode dividir-se em três partes lógicas. Primeira parte (primeira e segunda estrofes)

Vem sentar-te comigo, Lídia, à beira do rio.
Sossegadamente fitemos o seu curso e aprendamos
Que a vida passa, e não estamos de mãos enlaçadas.
   (Enlacemos as mãos.)

Depois pensemos, crianças adultas, que a vida
Passa e não fica, nada deixa e nunca regressa,
Vai para um mar muito longe, para ao pé do Fado,
   Mais longe que os deuses.

1. O tema desta primeira parte:
a) desejo epicurista de fruir o momento presente;
b) vontade de fitar, sentado, o curso do rio;
c) vontade sensual de enlaçar as mãos;
d) volta ao tempo da infância;
e) a vida que obedece ao mandamento dos fados.

2. **"Vem sentar-te comigo Lídia, à beira do rio.
Sossegadamente fitemos o seu curso......."
Os dois primeiros versos, de pronto, revelam:**

a) a decepção do sujeito lírico;

b) o cenário de beleza natural em que se enquadra a situação amorosa;

c) o palco em que ambos os amantes se separam;

d) o ambiente bucólico, carregado de mágoa e de piedade;

e) a prosopopéia, já que confere ao rio um sentimento reservado aos humanos.

3. **"... e aprendamos
"Que a vida passa, e não estamos de mãos enlaçadas".
(Enlacemos as mãos.)
Os versos finais da primeira estrofe comunicam:**

a) a esperança de um novo dia;

b) o desejo da conquista do futuro;

c) o símbolo da fugacidade de bens terrenos;

d) a timidez do amante ao lado da amada;

e) a consciência da eternidade.

4. **Desta primeira parte do poema, só é falso o seguinte:**

a) mais do que da emoção de contemplar a natureza (fitemos), a atitude amorosa resulta da interpretação da natureza como símbolo de fugacidade;

b) a razão comanda essa interpretação da natureza (aprendamos, pensemos);

c) a vida passa... e isso determina, no poeta, um desejo de fruir o presente e de aproveitar o fugaz momento ;

d) o fugaz momento é o único bem que nos é dado possuir;

e) a vida é uma fábula sem sentido, contada por um idiota.

5. **"Vem sentar-te comigo, Lídia, à beira do rio".
Lídia exerce a função sintática de:**

a) sujeito

b) objeto direto

c) objeto indireto

d) vocativo

e) aposto

**6. "Depois pensemos, crianças adultas, que a vida..."
"Crianças adultas" é um expressivo exemplo de:**

a) paradoxo

b) silepse

c) anacoluto

d) solecismo

e) prosopopeia

Questões de 7 a 13:
Segunda parte (terceira, quarta, quinta e sexta estrofes)

Desenlacemos as mãos, porque não vale a pena cansarmo-nos
Quer gozemos, quer não gozemos, passamos como o rio.
Mais vale saber passar silenciosamente
    E sem desassossegos grandes.

Sem amores, nem ódios, nem paixões que levantam a voz,
Nem invejas que dão movimento demais aos olhos,
Nem cuidados, porque se os tivesse o rio sempre correria,
    E sempre iria ter ao mar.

Amemo-nos tranquilamente, pensando que podíamos,
Se quiséssemos, trocar beijos e abraços e carícias,
Mas que mais vale estarmos sentados ao pé um do outro
    Ouvindo correr o rio e vendo-o.

Colhamos flores, pega tu nelas e deixa-as
No colo, e que o seu perfume suavize o momento -
Este momento em que sossegadamente não cremos em nada,
    Pagãos inocentes da decadência.

7. O tema desta segunda parte:

a) renúncia ao próprio gozo desse fugaz momento que é a vida;

b) o desejo de passar como o rio;

c) a vontade de entender os amores, os ódios e as paixões;

d) impulso sensual, trocando beijos, abraços e carícias;

e) a busca das flores para perfumar e suavizar o momento presente

8. Atitude amorosa:
"Desenlacemos as mãos
Amemo-nos tranquilamente
Sentados ao pé um do outro"
Símbolo de:

a) agressividade

b) capricho

c) desassossego

d) passividade

e) sutilidade

9. A resposta correta da pergunta anterior completa-se assim:

a) ouvindo correr o rio e vendo-o;

b) colhamos flores;

c) pega tu nelas (nas flores) e deixa-as no colo;

d) o perfume suaviza o momento;

e) amemo-nos tranquilamente.

10. Desta segunda parte, só é falso o seguinte:

a) é nítido, nesta segunda parte, o afrouxar do impulso amoroso;

b) do gozo do momento presente, mais não fica que uma contida emoção;

c) essa emoção aos poucos se anula para terminar numa atitude de quase indiferença e de irremediável incomunicabilidade (sentados ao pé um do outro);

d) esse desencantado viver nega qualquer paixão mais forte e qualquer esforço, pois são impotentes para alterar a força do destino cruel;

e) a vida só vale a pena ser vivida quando um grande ideal a enobrece.

11. " Desenlacemos as mãos, porque não vale a pena cansarmo-nos".
Comecemos o período pela segunda oração, respeitando o sentido que lhe deu o autor:

a) Não vale a pena cansarmo-nos, embora desenlacemos as mãos;

b) Não vale a pena cansarmo-nos, a fim de que desenlacemos as mãos;

c) Não vale a pena cansarmo-nos, então desenlacemos as mãos;

d) Não vale a pena cansarmo-nos, quando desenlaçarmos as mãos;

e) Não vale a pena cansarmo-nos, à medida que desenlacemos as mãos.

12. " Amemo-nos tranquilamente, pensando que podíamos,
<u>Se quiséssemos</u>, trocar beijos e abraços e carícias".
A oração em destaque tem o valor de:

a) causa

b) tempo

c) proporção

d) condição

e) finalidade

13. "... trocar beijos e abraços e carícias".
A repetição do conectivo "e" é um expressivo exemplo de:

a) metáfora

b) polissíndeto

c) silepse

d) elipse

e) barbarismo

Questões de 14 a 17:

Terceira parte (as duas últimas estrofes)
Ao menos, se for sombra antes, lembrar-te-ás de mim depois
Sem que a minha lembrança te arda ou te fira ou te mova,
Porque nunca enlaçamos as mãos, nem nos beijamos
    Nem fomos mais do que crianças.

E se antes do que eu levares o óbolo ao barqueiro sombrio,
Eu nada terei que sofrer ao lembrar-me de ti.
Ser-me-ás suave à memória lembrando-te assim - à beira-rio,
    Pagã triste e com flores no regaço.

14. O tema desta segunda parte:

a) lembrança do passado;

b) a renúncia ao gozo é a forma de anular o sofrimento causado pela antevisão da morte;

c) o mundo pagão greco-romano (pagã triste);

d) a criança que há em cada adulto;

e) o desejo ardente de liberdade.

15. Em dois momentos aparece metaforicamente a antevisão da morte. Primeiro, a morte do poeta (se for sombra antes). Depois a morte da amada:

a) lembrar-te-ás de mim depois;

b) porque nunca enlaçamos as mãos;

c) nem fomos mais do que crianças;

d) e se antes do que eu levares o óbolo ao barqueiro sombrio;

e) eu nada terei que sofrer ao lembrar-me de ti.

16. Ricardo Reis usa, neste poema, o imperativo (vem, pega, deixa, fitemos, aprendamos, enlacemos... etc.). Mas na terceira parte do poema, a antevisão da morte impõe o surgimento do:
I. Futuro do Indicativo: lembrar-te-ás, terei, ser-me-ás.
II. O presente do Subjuntivo: arda, fira, mova.
III. O Futuro do Subjuntivo: for, levares.

Responda assim:

a) desde que corretas apenas I e II;

b) desde que corretas apenas II e III;

c) desde que corretas apenas I e III;

d) desde que todas erradas;

e) desde que todas corretas.

17. "E se antes do que eu levares o óbolo ao barqueiro sombrio". O "barqueiro sombrio", Caronte, que na Grécia transportava as almas dos mortos que tinham sido incinerados ou enterrados, mediante um óbolo (pequena moeda grega), que a família do defunto lhe colocava na boca para pagar a passagem. Ricardo Reis se utiliza de símbolos predominantemente de origem:

a) cristã
b) judaico-cristã
c) clássica mitológica
d) islâmica
e) panteísta

Texto para as questões de 18 a 20

Quando, Lídia, vier o nosso Outono
Com o Inverno que há nele, reservemos
Um pensamento, não passa para a futura
        Primavera, que é de outrem,
Nem para o Estio de quem somos mortos,
Senão para o que fica do que passa –
O amarelo atual que as folhas vivem
        E as torna diferentes.

Ricardo Reis

18. **Primavera - verão (estio) – Outono – Inverno. Ideia fundamental do poema:**

a) aproveitemos o inverno quando este chegar um dia;
b) o outono passa; o inverno não passa nunca;
c) é preciso usufruir de cada momento que passa, sem lamentar o passado e sem se inquietar com o futuro;
d) o poeta vive o outono; sua amada-Lídia já vive o inverno;
e) o inverno não conhece o amarelo das folhas.

19. Assinale o que é falso:

a) o outono que se aproxima, sugere o acentuar da decadência e a proximidade da morte;

b) o amarelecer das folhas tem ainda o tom dourado da vida;

c) é preciso aproveitar cada momento ("carpe diem"), mesmo que seja o último;

d) o outono significa decadência e o inverno a morte;

e) na primavera o ar é puro, tão puro que as rosas nascentes têm o hálito quase inocente.

20. Ambos os poemas de Ricardo Reis ("Vem Sentar-te comigo, Lídia, à beira do rio" e "Quando, Lídia, vier o nosso Outono") só não têm essa temática:

a) o epicurismo. Busca de uma felicidade relativa, sem desprazer ou dor. Uma certa tranquilidade ou indiferença capaz de evitar a perturbação;

b) religiosidade cristã; Deísmo. Crença da intervenção permanente do sobrenatural na natureza;

c) o estoicismo. Crença de que a felicidade só é possível se atingirmos a apatia, isto é, a aceitação das leis do destino. Indiferença face às paixões e aos males;

d) o paganismo. A passagem inelutável do tempo. A precariedade da vida e a fatalidade da morte.

e) o gozo do momento que passa, o "carpe diem" horaciano. A tentativa de iludir o sofrimento.

Texto III (Ano 1645)

"Quatro ignorâncias podem concorrer em um amante, que diminuam muito a perfeição e merecimento de seu amor. Ou porque não se conhecesse a si, ou porque não conhecesse a quem amava, ou porque não conhecesse o amor, ou porque não conhecesse o fim onde há de parar amando. Se não se conhecesse a si, talvez empregaria o seu pensamento onde o não havia de pôr, se se conhecera. Se não conhecesse a quem amava, talvez quereria com grandes finezas a quem havia de aborrecer, se o não ignorara. Se não conhecesse o amor, talvez se empenharia cegamente no que não havia de empreender, se o soubera. Se não conhecesse o fim em que havia de parar amando, talvez chegaria a padecer os danos a que não havia de chegar, se os previra... Enquanto Paris, ignorante de si e da fortuna de seu nascimento, guardava as ovelhas do seu rebanho nos campos do Monte Ida, dizem as histórias humanas que era objeto dos seus cuidados Enone, uma formosura rústica daqueles vales. Mas quando o encoberto príncipe se conheceu e soube que era filho de Príamo, rei de Tróia, como deixou o cajado e o surrão, trocou também de pensamento. Amava humildemente enquanto se teve por humilde; tanto que conheceu quem era, logo desconheceu a quem amava. Como o amor se fundava na ignorância de si, o mesmo conhecimento que desfez a ignorância acabou também o amor. Desamou príncipe, o que tinha amado pastor, porque como é falta de conhecimento próprio nos pequenos levantar o pensamento, assim é afronta da fortuna nos grandes abater o cuidado."

Quatro ignorâncias podem tomar conta de um amante. Cada uma destas ignorâncias diminuem a perfeição e o merecimento de seu amor:

1. O amante não se conhece.
Emissor (amante ignorante) amor Receptor (amada)

Se o Emissor não se conhece, a emoção que trafega do Emissor ao Receptor está jejuno de autenticidade. É falsa a emoção. Quem não se conhece não pode ser agente do amor que julga ter. Quem não se conhece também não conhece o objeto que julga amar. Primeiro, conheça-se depois procure o objeto de seu amor.

2. O amante não conhece a quem ama.

Emissor (amante) $\overline{\text{amor}}$ Receptor (amada ignorada)

Neste caso, o Emissor embora possa conhecer-se a si, ele não conhece o objeto de seu amor. Quem ama vidros, pensando que são diamantes, diamantes ama; não ama vidros. Busca o amante, finezas na pessoa amada. Mas como não a conhece, as finezas são aborrecimentos. Casa-se com Raquel e dorme-se com Lia. Os diamantes que se amam, na verdade são vidros de fragilidade. Amar é conhecer. A ignorância do objeto amado é causa da fragilidade do amor. Paracelso já observava que quem nada conhece, nada ama. Quem nada pode fazer, nada compreende. Quem nada compreende, nada vale. Mas quem compreende também ama, observa, vê... quanto mais conhecimento houver inerente numa coisa, tanto maior o amor... aquele que imagina que todos os frutos amadurecem ao mesmo tempo, como as cerejas, nada sabe a respeito das uvas.

3. O amante não conhece o amor.

Emissor (amante) $\overline{\text{o desconhecimento do amor}}$ Receptor (amada)

O amor é a mensagem que o amante leva de si à amada. Mas quem não conhece o amor não pode amar, já que lhe falta o conhecimento da emoção que quer transmitir à amada. Le Rochefoucauld observou que as pessoas nunca se apaixonariam se não tivessem ouvido falar de amor. A palavra desempenha o papel de agente contaminador. Quem nunca ouviu a palavra "amor" nunca pôde amar. Quem, embora tenha ouvido a palavra, não lhe conhece a profundidade e a grandeza do sentimento, não pode amar com grandeza e profundidade.

4. O amante não conhece o fim, onde há de parar, amando.

Emissor (ignorante das consequências do amor) $\overline{\text{amor}}$ Receptor (amada)

Amar é doação. É preciso conhecer os sacrifícios do amor. Quem não os conhece não pode amar autenticamente. Não se pode querer a amada para si. É preciso querê-la para ela mesma. À medida que cresce, livre e independente, o objeto amado, maior é a suscetibilidade de amar.

O orador retoma a primeira ignorância, exemplificando para melhor entenderem seus ouvintes. O amante não se conhece. Páris, conhecendo-se a si e sabendo quem era, abandona Enone. É Ovídio que nos conta a história. Vênus prometeu a Páris o amor de Helena, esposa de Menelau, rei de Esparta. Quando Páris soube que era príncipe, filho de Príamo, rei de Troia, abandonou Enone e busca Helena, arrastando seu povo para a guerra de Troia. Quando não se conhecia, Páris usava o cajado e amava Enone, Sabendo quem era, abandona o cajado e troca Enone por Helena. Enquanto pastor, amava Enone, humilde, como pastor. Logo que se conheceu, amou Helena arrogante, como príncipe. Ao conhecer quem era, desconheceu quem amava.

A Título de Intertextualidade

Erros meus, má fortuna, amor ardente

Camões

Erros meus, má fortuna, amor ardente
Em minha perdição se conjuraram;
Os erros e a fortuna sobejaram,
Que para mim bastava amor somente.

Tudo passei; mas tenho tão presente
A grande dor das cousas que passaram,
Que as magoadas iras me ensinaram
A não querer já nunca ser contente.

Errei todo o discurso de meus anos;
Dei causa a que a Fortuna castigasse
As minhas mal fundadas esperanças.

De amor não vi senão breves enganos,
Oh! quem tanto pudesse que fartasse
Este meu duro gênio de vinganças!

O poeta confessa, no soneto, que é vitima de três desgraças: erros, fortuna e amor. Todos eles associados, conjuraram-se para a perdição do sujeito lírico. Os "erros", substantivo de sentido negativo, foram do próprio poeta. Ele foi vítima dos erros que ele mesmo praticou. "Fortuna" é o que sucede por acaso, sucesso imprevisto, sorte, eventualidade, revés da sorte... e esta fortuna de que fala o poeta, foi "má", também conotação negativa. O amor é ardente, que arde, que queima, impiedoso. Também sugere, no contexto, sentido negativo. Contudo, para sua desgraça, os erros e a má fortuna sobraram, vieram em demasia, sobejaram, porque, para tanta desgraça, bastaria o amor ardente. "Tudo passei". O poeta olha o passado e recorda o infortúnio cruel.

No presente, tira do passado uma lição: "A não querer já nunca ser contente", ou seja, deixar de ser contente a desejos, ou ainda nunca desejar ser feliz. O autor está consciente de que ele mesmo deu causa a tanta desgraça pelos erros que praticou durante toda a vida.

Errei todo o decurso de meus anos;
Dei causa a que a fortuna castigasse
As minhas mal fundadas esperanças.

Repete, na última estrofe, que sua maior desgraça foi o amor. O amor não foi senão breves enganos. E termina com a chave de ouro, um lamento pungente, um grito de desespero.

"Oh! Quem tanto pudesse, que fartasse
Esse meu duro gênio de vingança"

Ou seja: deve existir alguém com poder que satisfaça a sede de vingança do gênio que o persegue. Três infortúnios: erros, má fortuna, amor ardente. Os erros o poeta aponta no nono verso.

"Errei todo o discurso de meus anos"

A má fortuna, o poeta indica nos versos 5º, 6º, 10º e 11º.

"Tudo passei"
"A grande dor das causas que passaram"
"Dei causa a que a fortuna castigasse
As minhas mal fundadas esperanças"

O amor ardente é lembrado no 12º verso:

"Do amor não vi senão breves enganos"

O amor foram breves enganos. Então, em sua vida, sobejaram erros e má fortuna – o que bastariam para a desgraça total.
O primeiro verso se constrói em gradação por meio de assíndeto:

"Erros meu, má fortuna, amor ardente"

O autor personifica a Fortuna:

"Dei causa a que a Fortuna castigasse"

A antítese é muito expressiva quando associa o presente e o passado (Tenho tão presente/a grande dor das causas que passaram).
O soneto é constituído de versos decassílabos heróicos, ou seja, dez sílabas poéticas com pausa na sexta e décima sílabas.

Er/ros/ meus/, má/ for/tu/na, a/mor/ ar/den/te
 1   2   3   4   5   6   7   8   9 10 X

As rimas obedecem a seguinte posição: ABBA – ABBA – CDE – CDE.

Texto IV (Ano 1645)

"A segunda ignorância, que tira o merecimento ao amor, é não conhecer quem ama a quem ama. Quantas coisas há no mundo muito amadas, que, se as conhecera quem as ama, haviam de ser muito aborrecidas. Graças, logo, ao engano, e não ao amor. Serviu Jacó os primeiros sete anos a Labão, e ao cabo deles, em vez de lhe darem a Raquel, deram-lhe a Lia: Ah! enganado pastor, e mais enganado amante! Se perguntarmos à imaginação de Jacó por quem servia, responderá que por Raquel. Mas se fizermos a mesma pergunta a Labão, que sabe o que é e o que há de ser, dirá com toda a certeza que serve por Lia, e assim foi. Servis por quem servis, não servis por quem cuidais. Cuidais que os vossos trabalhos e os vossos desvelos são por Raquel, a amada, e trabalhais, e desvelais-vos por Lia, a aborrecida. Se Jacó soubera que servia por Lia, não servira sete anos, nem sete dias. Serviu logo ao engano, e não ao amor, porque serviu por quem não amava. Oh! quantas vezes se representa esta história no teatro do coração humano, e não com diversas figuras, senão na mesma! A mesma, que na imaginação é Raquel, na realidade é Lia; e não é Labão o que engana a Jacó, senão Jacó o que se engana a si mesmo. Deste discurso se segue uma conclusão tão certa como ignorada, e é que os homens não amam aquilo que cuidam que amam. Por quê? Ou porque o que amam não é o que cuidam, ou porque amam o que verdadeiramente não há. Quem estima vidros, cuidando que são diamantes, diamantes estima, e não vidros; quem ama defeitos, cuidando que são perfeições, perfeições ama, e não defeitos. Cuidais que amais diamantes de firmeza, e amais vidros de fragilidade; cuidais que amais perfeições angélicas, e amais imperfeições humanas. Logo, os homens não amam o que cuidam que amam. Donde também se segue que amam o que verdadeiramente não há, porque amam as coisas, não como são, senão como as imaginam, e o que se imagina e não é, não o há no mundo."

A segunda ignorância que tira o merecimento ao amor:

O amante não conhece a quem ama

O engano cobre com um véu o objeto amado. Como o amante não conhece o objeto que ama, não pode amá-lo profundamente, já que está contaminado pela ignorância. Ignorância não é erro. Erro é juízo falso, desacerto, inexatidão. Ignorância é a ausência de conhecimento. Assim, o mundo está repleto de amantes que, se conhecessem profundamente o objeto amado, ficariam aborrecidos. O amor advém do engano e o aborrecimento advém da consciência do engano. O orador inicia nesta passagem o exemplo bíblico do amor de Jacó. É o relato que nos faz Gênesis, Capítulo 29, Versículos de 18 a 24. Curioso é perceber que Vieira, além de conhecedor profundo do Evangelho, tinha à sua disposição e inspiração o famoso soneto de Camões, inspirado na narração bíblica. No soneto de Camões, leem-se os versos:

"Sete anos de pastor Jacó servia
Labão, pai de Raquel, serrana bela;
Mas não servia o pai, servia a ela..."

No Sermão da Primeira Sexta-feira da Quaresma, pregado na Capela Real de Lisboa, no ano de 1651, lê-se a seguinte passagem do Sermão, sem que o orador fizesse referência ao texto original de Camões:

"Sete anos de Pastor servira Jacó a Labão, pai de Raquel, mas não servia a ele, servia a ela"

As citações de Vieira se fazem com apoio em textos religiosos. Raramente invoca o orador textos pagãos ou laicos. Nessa passagem, apoia-se na bíblia e em Camões. No Sermão da Ascensão de Cristo Senhor Nossa, o orador discursa que "O amor e a fineza de Jacó por Raquel foram os mais esclarecidos e admiráveis que lemos, não nas fábulas ou histórias humanas, senão na Escritura Sagrada". Naquele sermão, Vieira abandona a poesia camoniana e volta ao texto bíblico. Põe o texto bíblico acima das fábulas e histórias humanas.

Texto IV (Ano 1645)

Narrando o amor de Jacó por Raquel, o autor constrói uma metáfora. Sabemos pelo texto bíblico que Jacó serviu Labão, pai de Raquel, por sete anos. O prêmio desta servidão, seria esposar Raquel. Findos os dez anos de servidão, Labão dá a Jacó Lia, embora este o tenha servido por Raquel. Vieira usa o texto como metáfora. A ideia fundamental é a seguinte. O amante ama uma mulher a quem podemos chamar Raquel. Contudo, o amante não conhece profundamente o objeto que ama. Raquel tem qualidades e defeitos. Mas o amante ama-a sem conhecer os defeitos que a diminuem. O amante ama Raquel, mas Raquel é Lia. O amante ama Laura, mas Laura é Beatriz. O amante ama Natércia, mas Natércia é Heloísa. Se perguntarmos ao amante a quem ama, certamente dirá que ama Laura. Contudo, Laura é a mulher que o amante imagina, mulher que ele criou para si, mulher cujos defeitos não são conhecidos. Laura é Beatriz. Se o amante soubesse que Natércia é Heloísa, não a amaria com tanto ardor e afeto. A ignorância, segundo o orador tira o merecimento ao amor, porque amamos a mulher que só existe em nossa imaginação. Eis o teatro do coração humano: a dificuldade de conhecer profundamente as pessoas (sem excluir a precariedade do autoconhecimento) e a impossibilidade de conhecer a verdade, dado seu caráter também precário. Então, o homem não ama a mulher que ele pensa que ama. Por duas razões: a mulher que ele ama está apenas em sua mente ou não existe no mundo real. Quem ama Lia, pensando que é Raquel, na verdade ama Raquel não Lia. Quem ama Beatriz, pensando que é Laura, na verdade ama Laura e não Beatriz. Quem ama Heloísa, pensando que é Natércia, na verdade ama Natércia e não Heloísa. Para o amante, Lia, Beatriz e Heloísa são vidros. Diamantes são Raquel, Laura e Natércia. Os homens amam as mulheres como eles as imaginam, e mulheres como se imaginam não existem no mundo.

No livro "Estilos de Época na Literatura" – Editora Prumo – Proença Filho, às páginas 157 – faz, sobre este texto de Vieira, o comentário que segue. Tomamos a liberdade de acrescentar ou excluir informações:

_ Uma tese:

"A segunda ignorância que tira o merecimento ao amor é não conhecer a quem ama"

_ Um conceito dela derivado:

"Quantas coisas há no mundo muito amadas, que, se as conhecera quem as ama, haviam de ser muito aborrecidas!"
_ Uma conclusão:

"Graças logo ao engano e não ao amor"

_ A história bíblica de Jacó e Raquel para demonstrar a tese:

"Serviu Jacó os primeiros sete anos a Labão, e ao cabo deles, em vez de lhe darem a Raquel, deram-lhe a Lia: Ah! enganado pastor, e mais enganado amante! Se perguntarmos à imaginação de Jacó por quem servia, responderá que por Raquel. Mas se fizermos a mesma pergunta a Labão, que sabe o que é e o que há de ser, dirá com toda a certeza que serve por Lia, e assim foi. Servis por quem servis, não servis por quem cuidais. Cuidais que os vossos trabalhos e os vossos desvelos são por Raquel, a amada, e trabalhais, e desvelais-vos por Lia, a aborrecida. Se Jacó soubera que servia por Lia, não servira sete anos, nem sete dias. Serviu logo ao engano, e não ao amor, porque serviu por quem não amava. Oh! quantas vezes se representa esta história no teatro do coração humano, e não com diversas figuras, senão na mesma! A mesma, que na imaginação é Raquel, na realidade é Lia; e não é Labão o que engana a Jacó, senão Jacó o que se engana a si mesmo."

_ Um corolário – proposição que deriva, em um encadeamento dedutivo, de uma asserção precedente, produzindo um acréscimo de conhecimento:

"Deste discurso se segue uma conclusão tão certa como ignorada; é que os homens não amam aquilo que cuidam que amam"

_ A demonstração do corolário e outra conclusão:

"Por quê? Ou porque o que amam não é o que cuidam, ou porque amam o que verdadeiramente não há. Quem estima vidros, cuidando que são diamantes, diamantes estima, e não vidros; quem ama defeitos, cuidando que são perfeições, perfeições ama, e não defeitos. Cuidais que amais diamantes de

firmeza, e amais vidros de fragilidade; cuidais que amais perfeições angélicas, e amais imperfeições humanas."
_ Finaliza o fragmento com mais uma inferência do corolário anterior e com a conclusão final:

"Logo, os homens não amam o que cuidam que amam. Donde também se segue que amam o que verdadeiramente não há, porque amam as coisas, não como são, senão como as imaginam, e o que se imagina e não é, não o há no mundo."

A Título de Intertextualidade

Cegueira de Amor
Fiei-me nas promessas que afetavas,
Nas lágrimas fingidas que vertias,
Nas ternas expressões que me fazias,
Nessas mãos com que as minhas apertavas.

Talvez, cruel, que, quando as amimavas,
Que eram doutrem, na ideia fingirias,
E que os olhos banhados mostrarias
De pranto, que por outrem derramavas.

Mas eu sou tal, ingrata, que inda vendo
Os meus tristes amores mal seguros,
De amar-te nunca, nunca me arrependo.

Ainda adoro os teus perjuros,
Ainda amo a quem me mata, ainda acendo
Em aras falsas holocaustos puros.

Nicolau Tolentino
Do livro: Para uma Leitura da Poesia Neoclássica e Pré-Romântica.
José Cândido Martins
Editorial Presença

Vocabulário:

Fiei – verbo fiar: acreditar, confiar.
Afetavas – verbo afetar: fingir, mentir, simular.
Vertias – verbo verter: fazer transbordar, entornar, derramar.
Ternas – adjetivo: meigas, sensíveis, afetuosas, suaves.
Perjuros – adjetivo: falsos, enganadores.
Aras – substantivo: altares pagãos onde se faziam sacrifícios aos deuses.
Holocaustos – substantivo: sacrifícios em que as vítimas são consumidas pelo fogo.

Texto IV (Ano 1645)

1. Vamos buscar, em três substantivos, o tema deste soneto:
a) promessa, lágrimas, desejos;
b) expressões, crueldade, pranto;
c) amores, desamores, fingimentos;
d) arrependimento, tristeza, declaração;
e) assassinato, holocausto, sacrifício.

2. Neste soneto, o sujeito poético:
a) acredita nas promessas que faz uma mulher por acreditar na beleza que emana de seu olhar;
b) começa, de pronto, por denunciar o fingimento de uma mulher dissimulada que, aparentando sentir por ele uma paixão, não passava de uma mentirosa;
c) ama desesperadamente uma mulher quando a vê chorando, prometendo afeto e apertando sua mão à mão dele;
d) arrepende-se de amar uma mulher quando percebe que seus afetos não passam de fingimento;
e) quer levar a donzela ao sacrifício pagão. Vê-la perder a vida em altares de fogo.

3. Vamos destacar as partes em que podemos dividir este soneto.
Cada estrofe é uma parte.
Primeira estrofe.
Fiei-me nas promessas que afetavas,
Nas lágrimas fingidas que vertias,
Nas ternas expressões que me fazias,
Nessas mãos com que as minhas apertavas.

Assinale o que é falso:
a) toda a primeira estrofe revela a crença amorosa que antecede a amarga decepção;
b) o homem acreditava ingenuamente nas palavras amorosas (promessas e ternas expressões);
c) o homem acreditava nos carinhosos gestos da mulher amada (lágrimas falsas e mãos carinhosas);
d) o poeta faz uma enumeração das declarações e atitudes demonstradas da falsidade da mulher amada;

e) fingidas são as promessas e as lágrimas mas não as expressões e o carinho das mãos.

4. As promessas, as lágrimas, as expressões e as mãos são comunicações, respectivamente:

a) auditivas, olfativas, visuais, gustativas;

b) olfativas, auditivas, auditivas, tácteis;

c) visuais, visuais, auditivas, auditivas;

d) auditivas, visuais, visuais, tácteis;

e) visuais, olfativas, gustativas, auditivas.

5. .... promessas que afetavas / ... lágrimas... que vertias / ... expressões que me fazias / ... mãos ... que apertavas.
Quatro pronomes relativos que – todos eles com a função sintática de:

a) sujeito

b) objeto direto

c) objeto indireto

d) predicativo do sujeito

e) complemento nominal

6. Segunda estrofe:

Talvez, cruel, que, quando as amimavas,
Que eram doutrem na ideia fingirias,
E que os olhos banhados mostrarias
De pranto, que por outrem derramavas.

Apóstrofe é uma interrupção no texto à título de interpelação direta e inopinada, tal qual se lê na palavra ou expressão:

a) cruel

b) quando as animavas

c) eram doutrem

d) na ideia fingirias

e) que por outrem

7. Nesta segunda estrofe, ao se referir aos carinhosos gestos das mãos e às lágrimas da primeira estrofe, o sujeito lírico diz que a falsidade da mulher tem uma explicação: assinale o que não é explicação:

Texto IV (Ano 1645)

a) aqueles gestos e sentimentos deveriam ter outro destinatário;
b) aqueles gestos e sentimentos seriam inspirados por outro homem;
c) é como se o amante dissesse: falsa mulher, não era em mim em quem pensavas;
d) é como se o amante dissesse: falsa mulher, tu me acariciavas as mãos, pensando em outro;
e) mulher crudelíssima. A vida é uma fábula sem sentido, contada por um idiota.

8. Talvez, cruel, que, quando as animavas...
O pronome pessoal do caso oblíquo "as" está no lugar de:
a) promessas
b) lágrimas
c) expressões
d) mãos
e) promessas, lágrimas, expressões, mãos

9. Terceira estrofe:
Mas eu sou tal, ingrata, que inda vendo
Os meus tristes amores mal seguros,
De amar-te nunca, nunca me arrependo.

A partir da adversativa "mas", o sujeito poético, mesmo chamando-a ingrata;
a) diz-lhe que ainda responde sua ingratidão com amor;
b) vê que todos seus amores tiveram idênticos destinos;
c) arrepende-se de amar aquela mulher tão intensamente;
d) declara nunca ter tido amores seguros;
e) percebe que amar é o mesmo que estar muito tempo doente.

10. Mas eu sou tal, ingrata, que inda vendo...
A palavra "ingrata" retoma uma palavra anterior:
a) Fiei-me nas <u>promessas</u> que afetavas;
b) Nas <u>lágrimas</u> fingidas que vertias;
c) Talvez, <u>cruel</u>, que, quando as animavas;
d) Que eram doutrem na <u>ideia</u> fingirias;
e) De pranto, que <u>por outrem</u> derramavas.

11. Relendo a terceira estrofe, fica-se sabendo que o amor:

a) sempre leva o homem à decepção;

b) faz do homem a parte mais fraca;

c) seduz, atrai, fascina, acaricia;

d) tudo vence, compreende e desculpa;

e) deixa entender que a mulher, desde Eva, é ser superior e manhosa.

**12. Mas eu sou tal, ingrata / que de amar-te nunca me arrependo.
A oração grifada tem o valor de:**

a) causa

b) concessão

c) finalidade

d) consequência

e) tempo

**13. Quarta estrofe:
Ainda adoro os teus perjuros,
Ainda amo a quem me mata, ainda acendo
Em aras falsas holocaustos puros.**

A última estrofe estrutura-se com a anafórica repetição do advérbio "ainda", enfatizando o manifesto contraste entre dois sentimentos:

a) o ardiloso fingimento amoroso dela e a apaixonada adoração sincera dele;

b) os olhos perjuros dele e a alma idolatrada dela;

c) a vontade do homem de matar a amante; o desejo ardente da mulher de perdoar o homem;

d) o sacrifício dela em aras falsas e o sacrifício dele em holocaustos puros;

e) o sacrifício dele em aras falsas e o sacrifício dela em holocaustos puros.

**14. "Em aras falsas, holocaustos puros"
Ou seja:**

a) Em altares falsos, sacrifícios verdadeiros;

b) Em altares pagãos, sacrifícios cristãos;

c) Em altares romanos, devoção sincera;

d) Em altares traidores, ritual mesquinho;

e) Em altares despojados, obediência sincera.

15. A última estrofe remata todas as ideias que vêm desde a primeira estrofe. São estas as ideias, com exceção de:

a) mulher falsa ou dissimulada que aparenta sentimentos que não sente;

b) mulher experiente e cínica;

c) ardilosa mulher com poderes para seduzir e enganar o homem;

d) um homem que sabedor da mentira com que a mulher o engana, reitera o seu amor;

e) um homem que despreza os supremos encantos da mulher esplêndida que tenta seduzi-lo e subjugá-lo.

Texto V (Ano 1645)

"Se amo porque me amam, tem o amor causa; se amo, para que me amem, tem fruto: e amor fino não há de ter porquê, nem para que. Se amo, porque me amam, é obrigação, faço o que devo: se amo, pra que me amem, é negociação, busco o que desejo. Pois como há de amar o amor para ser fino? Amo, quia amo, amo, ut ame: amo, porque amo, e amo para amar. Quem ama, porque o amam, é agradecido, quem ama, para que o amem, é interesseiro: quem ama, não porque o amam, nem para que o amem, esse só é fino. "

Neste texto, o orador, ao gosto barroco, joga com as palavras, faz cruzamento de termos, delirando quem o ouve. Joga com os conceitos através de orações, em especial oração subordinada adverbial condicional, oração subordinada adverbial causal e oração subordinada adverbial final. Vieira consegue tecer as orações como as tecelãs tecem o tapete. Vamos destacar algumas estampas deste tecido. Se amo, porque me amam, tem o amor causa, é obrigação, faço o que devo, sou agradecido. O amor não tem porquê. Amo, porque amo. Se amo para que me amem, tem o amor fruto, é negócio, busco o que desejo, é interesseiro. O amor não tem para quê. Amo para amar.

A|mo| por|que a|mo,| e a|mo| pa|ra a|mar
1   2   3   4   5   6 7   8   9   10

Observe o ritmo da prosa vieirense cujo exemplo destacamos. É um perfeito verso decassílabo, agudo, e heroico, com pausa na 6ª e 10ª sílabas. Não amo porque nem amo para quê. Na essência, o amor não tem causa nem finalidade. Se houvesse causa ou finalidade para amar, não seria amor. Por isso a causa e a finalidade do amor é o mesmo amor. Amo, porque amo, e amo para amar. A causa e a finalidade do amor é o próprio amor. Daí cognatos os verbos das orações causal e final. Então, o amor é universal, não subordinado à causa ou à finalidade. Amor condicionado tem causa e finalidade. O amor sublime só é amor quando ama porque ama e ama para amar.

A Título de Intertextualidade

**Do Livro "A Arte de amar" Erich Fromm
Martins Fontes Editora**

O Amor materno

"Em contraste com o amor fraterno e o amor erótico, que são amor entre iguais, o relacionamento de mãe com o filho é, por sua própria natureza, um relacionamento de desigualdade;, em que um necessita de toda a ajuda e o outro a dá. É por seu caráter altruístico e generoso que o amor materno foi considerado o mais elevado tipo de amor e o mais sagrado de todos os vínculos emocionais. Parece, entretanto, que a verdadeira realização do amor materno não está no amor da mãe pela criancinha, mas em seu amor pelo filho que cresce. Na realidade, a vasta maioria das mães são mães amorosas enquanto o filho é pequeno e ainda completamente dependente delas. A maior parte das mulheres quer ter filhos, fica feliz com o recém-nascido e cuida dele com ardor. Assim fazem apesar de não "receberem" nada em troca da criança, salvo um sorriso ou a expressão de satisfação no rosto do filho. Parece que essa atitude de amor enrraiga-se em parte num aparato instintivo que se encontra tanto na fêmea dos animais, como na dos humanos. Mas a criança precisa crescer. Ela precisa sair do ventre materno, do seio materno; tem de se tornar, enfim, um ser humano totalmente à parte. A própria essência do amor materno é cuidar do crescimento da criança, o que significa que a mãe deseja que o filho se separe dela. Nisso reside a principal diferença em relação ao amor erótico. No amor erótico, duas pessoas que estavam separadas tornam-se uma. No amor materno, duas pessoas que eram uma se separam. A mãe precisa não apenas tolerar, mas desejar e apoiar a separação do filho. É somente nessa etapa que o amor materno se torna uma tarefa tão difícil, que requer desprendimento, a capacidade de dar tudo e de não querer nada em troca nada mais que a felicidade do filho amado. É também nessa etapa que muitas mães fracassam em sua tarefa de amor materno. A mulher narcisista, dominadora, possessiva pode conseguir ser uma mãe "amorosa" enquanto o filho é pequeno. Somente a mulher realmente amorosa, a mulher que é mais feliz dando do que tomando, que está firmemente arraigada em sua existência própria, pode ser uma mãe amorosa quando o filho se acha no processo de separação. O amor materno pelo filho cresce, amor esse que não quer nada para si, é talvez a forma mais difícil de amor, e a mais enganadora, por causa da facilidade com que a mãe pode amar seu filho pequeno. Mas é precisamente por causa dessa dificuldade que a mulher só pode amar seu filho pequeno. Mas é precisamente por causa dessa dificuldade que a mulher só pode ser uma mãe realmente amorosa se ela puder amar, se for capaz de amar seu marido, outras crianças, estranhos, todos os seres humanos. A mulher que não é capaz de amar nesse sentido pode ser uma mãe afetuosa enquanto seu filho é pequeno, mas não uma mãe amorosa, para o que precisa mostrar ter vontade de suportar a separação – e continuar amando mesmo depois da separação."

O amor de mãe é incondicional. Não ama para... nem ama porque... seu amor não tem causa nem finalidade. O mesmo amor é a causa e o fim. O amor fraterno é amor entre iguais. Amor de mão dupla. Dar e receber; amar e ser amado. Amor erótico também é amor entre iguais. O homem que odeia a mulher não pode receber dela o afeto amoroso. Não assim o amor materno. Amor de mão única. Dar e não se importar em receber. Amar ainda que não seja amado. O verdadeiro amor materno cria o filho e deixa-o partir. Criar e vê-lo independente. Erich Fromm reescreveria assim o texto de Vieira:

"Se a mãe ama, porque o filho a ama, tem o amor causa. Se a mãe ama pra que o filho a ame, tem o amor fruto. O amor materno não tem porquê nem pra quê. Se a mãe ama o filho porque o filho ama, é obrigação, faz o que deve; se a mãe ama o filho para que o filho a ame, é negocio, busca o que deseja. A mãe que ama o filho, porque o filho a ama, é agradecida. A mãe que ama o filho para que o filho a ame, é interesseira. O amor de mãe é incondicional: ama o filho não porque o filho a ama; ama o filho não para que o filho a ame. Ama porque ama e ama para amar."

Cantam os repentistas nordestinos que são iguais os amores da mãe de Jesus e os amores da mãe de Judas. Aquele na cruz crucificado. Este na figueira enforcado.

"Toda mãe por qualquer filho sofre, se iguala em um só amor, as mães de Cristo e de Judas tiveram a mesma dor: uma pelo filho justo, a outra pelo traidor."

Texto VI (Ano 1645)

"Questão é curiosa nesta Filosofia, qual seja mais precioso e de maiores quilates: se o primeiro amor, ou o segundo? Ao primeiro ninguém pode negar que é o primogénito do coração, o morgado dos afetos, a flor do desejo, e as primícias da vontade. Contudo, eu reconheço grandes vantagens no amor segundo. O primeiro é bisonho, o segundo é experimentado; o primeiro é aprendiz, o segundo é mestre: o primeiro pode ser ímpeto, o segundo não pode ser senão amor. Enfim, o segundo amor, porque é segundo, é confirmação e ratificação do primeiro, e por isso não simples amor, senão duplicado, e amor sobre amor. É verdade que o primeiro amor é o primogénito do coração; porém a vontade sempre livre não tem os seus bens vinculados. Seja o primeiro, mas não por isso o maior."

A terceira ignorância: o amante não conhece o amor nessa passagem, o orador faz um paralelo entre o primeiro e o segundo amor. Prevalece, no primeiro amor, a primazia: primogênito do coração, o morgado (herdeiro) dos afetos, a flor do desejo, as primícias (primeiros frutos) da vontade. Prevalecem, no segundo amor, as vantagens: experimentado, mestre, simplesmente amor. As vantagens do segundo se apresentam em antítese às primazias do primeiro. O segundo é experimentado, porque não é como o primeiro, bisonho (inexperiente); o segundo é mestre, porque não é, como o primeiro aprendiz; o segundo só pode ser amor, não como o primeiro que pode ser apenas ímpeto. É certo que o orador elege o segundo amor na ordem das vantagens. Contudo, reserva ao primeiro amor uma linguagem poética: primogênito do coração, o morgado dos afetos, a flor do desejo, as primícias da vontade. Ao segundo amor, eleito superior ao primeiro, o orador reserva-lhe uma linguagem prosaica e pragmática: experimentado, mestre. É de se concluir que o primeiro amor é romântico, e realista é o segundo amor. É realista porque é amor confirmado e ratificado. Amor sobre amor. O coração gera seu primeiro amor – o primogênito do coração. Mas a vontade é livre e não tem seus desejos vinculados. O primeiro amor, por ser o primeiro, não é o maior.

A Título de Intertextualidade

Não tenhas nada nas mãos
Não tenhas nada nas mãos
Nem uma memória na alma,

Que quando te puserem
Nas mãos o óbolo último,

Ao abrirem-te as mãos
Nada te cairá.

Que trono te querem dar
Que Átropos to não tire?

Que louros que não fanem
Nos arbítrios de Minos?

Que horas que te não tornem
Da estatura da sombra?

Que serás quando fores
Na noite e ao fim da estrada?

Colhe as flores mas larga-as,
Das mãos mal as olhaste.

Senta-te ao sol. Abdica
E sê rei de ti próprio.
Ricardo Reis

Nas mãos (sentido material), não tenhamos nada. Na alma (sentido espiritual), não tenhamos sequer uma memória, porque nada cairá das mãos ou da alma quando chegarmos à hora da morte (quando te puserem nas mãos o

óbolo último). Despojamento. Domínio absoluto do "eu". Que bens materiais ou espirituais (trono) este mundo pode nos dar que a morte (Átropos) não nos tire? Que conquistas ou vaidades (louros) que não nos furtem nos arbítrios de um juiz implacável (Minos)? Que horas de nossa vida que sobre elas não caia a imensidão de uma sombra? Que seremos quando estivermos na noite e ao fim da estrada (na morte e no fim da vida)?
Aproveitemos a vida (colhamos as flores) mas não nos apeguemos a ela (larga-as das mãos mal as olhaste)
Sentemos ao sol. Abdiquemos de tudo que é transitório e então seremos rei de nós mesmos e nunca escravos de alguém.

"Que", no 3º verso, tem valor de causa (porque)
"To" – cruzamento de te + o = to
"Te" é o interlocutor; "o" é o pronome no lugar de trono.
Que trono te querem dar
Que Átropos não tire o trono de ti

"Que Átropos to não tire"
"Átropos" era uma das moiras, chamadas de Parcas pelos romanos. Para Homero, representava o destino individual do qual nenhum mortal escapa. As Parcas eram em numero de três e filhas da noite. Era Átropos quem media o fio da vida.

"Que louros que não fanem
Nos arbítrios de Minos?"

"Minos" – juiz implacável dos mortos. Rei de Creta.
"Fanem" – verbo fanar. Furtar ou "meter a unha" no sentido de roubar.

Origem:
Havia na Índia (séc XVI) uma minúscula moeda de ouro, menor que a unha do dedo mínimo. Chamava-se fanão. D. Afonso de Albuquerque recebia os tributos em fanões e o comércio usava-a em abundância. Para a sua contagem eram utilizadas tábuas com 50, 100 e 200 alvéolos. O con-

tador punha um punhado de fanões sobre elas e, com um ágil movimento circular dos dedos retirava o excesso de moedas de modo que ficasse uma em cada alvéolo. Estava feita a contagem. Se porém usasse unhas grandes podia alguma moeda ficar aí entalada. Daí o meter a unha e o fanar. Vem também daqui o gesto genuinamente português em que se apoia o polegar num ponto imaginário do ar e se fazem rodar os dedos, imitanto o gesto feito sobre a tal tábua de contar fanões. Este gesto mímico significa "fanar".

Questão é curiosa neste filosofia, diz Vieira, qual seja mais precioso e de maiores quilates: se o primeiro amor, ou o segundo. Ricardo Reis responderia. Nenhum deles. Nada nas mãos e na alma. Se nada tens, nada perderás. Que trono de louros neste mundo existem sem que a morte os roube. Amor experimentado, mestre, verdadeiro, este amor é, para Ricardo Reis, bisonho, aprendiz, ímpeto. Menos que isso. Larga este amor. Senta-te ao sol (liberdade). Abdica (abandona trono e louros). E sê rei de ti próprio (individualidade).

Texto VII (Ano 1645)

"A quarta e última circunstância em que a ciência de Cristo afinou muito os extremos de seu amor, foi saber e conhecer o fim onde havia de parar amando: *Sciens quia venit hora ejus*. De muitos contam as histórias que morreram porque amaram; mas, porque o amor foi só a ocasião, e a ignorância a causa, falsamente lhe deu a morte o epitáfio de amantes. Não é amante quem morre porque amou, senão quem amou para morrer. Bem notável é neste gênero o exemplo do príncipe Siquém. Amou Siquém a Dina, filha de Jacó, e rendeu-se tanto aos impérios de seu afeto que, sendo príncipe soberano, se sujeitou a tais condições e partidos, que a poucos dias de desposado lhe puderam tirar a vida Simeão e Levi, irmãos de Dina. Amou Siquém, e morreu, mas a morte não foi troféu de seu amor; foi castigo de sua ignorância. Foi caso, e não merecimento, porque não amou para morrer, ainda que morreu porque amou. Deveu-lhe Dina o amor, mas não lhe deveu a morte; antes, por isso, nem o amor lhe deveu. Que quem amou porque não sabia que havia de morrer, se o soubera, não amara. Não está o merecimento do amor na morte, senão no conhecimento dela.

Vede-o em Abraão e Isac claramente. Naqueles três dias em que Abraão foi caminhando para o monte do sacrifício com seu filho Isac, ambos iam igualmente perigosos, mas não iam igualmente finos. Iam igualmente perigosos porque um ia a morrer, outro a matar, ou a matar-se; mas não iam igualmente finos, porque um sabia onde caminhavam, o outro não o sabia. O caminho era o mesmo, os passos eram iguais, mas o conhecimento era muito diverso, e por isso também o merecimento. Abraão merecia muito, Isac não merecia nada, porque Abraão caminhava com ciência, Isac com ignorância; Abraão ao sacrifício sabido, Isac ao sacrifício ignorado. Esta é a diferença que faz o sacrifício de Cristo a todos os que sacrificou a morte, por culpas do amor. Só Cristo caminhou voluntário à morte sabida; todos os outros, sem vontade, à morte ignorada. A Siquém, a Sansão, a Amon e aos demais que morreram porque amaram, levou-os o amor à morte, com os olhos cobertos, como condenados; só a Cristo como triunfador, com os olhos abertos. – Tomara ter mais honradas antíteses, mas estas são as que lemos na Escritura.

– Nem Siquém amara a Dina, nem Sansão à Dalila, nem Amon a Tamar, se anteviram a morte que os aguardava. Só a ciência de Cristo conheceu que o seu amor o levava à morte, e só Cristo conhecendo-a e vendo-a vir para si, caminhou animosamente a ela: *Sciens quia venit hora ejus.*
Que bem, e que poeticamente o cantou Davi: *Sol cognovit occasum suum.* O sol conheceu o seu ocaso. – Poucas palavras, mas dificultosas. O sol é uma criatura irracional e insensível – porque, ainda que alguns filósofos creram o contrário, é erro condenado. – Pois se o sol não tem entendimento nem sentidos, como diz o profeta que o sol conheceu o seu ocaso: *Sol cognovit occasion suum*? O certo é, diz Agostinho, que debaixo da metáfora do sol material, falou Davi do sol divino, Cristo, que só é sol com entendimento. E porque ambos foram mui parecidos em correr ao seu ocaso, por isso retratou as finezas de um nas insensibilidades do outro. Se a luz do sol fora verdadeira luz de conhecimento, e o Ocidente, onde se vai pôr o sol, fora verdadeira morte, não nos causara grande admiração ver que o sol, conhecendo o lugar de sua morte, com a mesma velocidade com que sobe ao zênite, se precipitasse ao Ocidente? Pois isto foi o que fez aquele sol divino: *Sol cognovit occasum suum*. Conheceu verdadeiramente o sol divino o seu ocaso, porque sabia determinadamente a hora em que, chegando aos últimos horizontes da vida, havia de passar deste ao outro hemisfério: *Sciens quia venit hora ejus, ut transeat ex hoc mundo*. E que sobre este conhecimento, certo do fim cruel a que o levava seu amor, caminhasse sem fazer pé atrás, tão animoso ao verdadeiro e conhecido ocaso, como o mesmo sol material que não morre nem conhece? Grande resolução e valentia de amor! Não só conhecer a morte, e ir a morrer, mas ir a morrer conhecendo-a, como se a ignorara."

A quarta e última circunstância que concorre em um amante, diminuindo muito a perfeição e o merecimento de seu amor: o amante não conhece o fim onde há de parar, amando. A história está repleta de casos em que os amantes morreram porque amaram. Nada mais falso. Como não conheciam o fim onde iram parar, estes não são verdadeiramente amantes. São falsos amantes. Se morreu porque amou, não é amante. Só é amante quem ama para morrer. Vejamos a história do Príncipe Siquém. (Gênesis - 34) – Siquém, vendo Dina agarrou-a e deitou-se com ela, violentando-a. Ficou apaixonado. Queria casar com ela, mas Simão e Levi, irmãos de Dina, passaram a fio da espada Siquém e seu pai Hemor. Siquém não conhecia o fim onde havia de parar amando. Não foi verdadeiro amante; morreu porque amou. Amante verdadeiro é quem ama para morrer. Vamos a outro exemplo. Os amores de Abraão e seu filho Isaac (Gênesis 22). Deus disse para que Abraão tomasse seu único filho e o oferecesse em holocausto. Abraão tomou lenha para o holocausto e colocou-a às costas do filho Isaac, enquanto levava fogo e faca. Isaac pergunta ao pai onde estaria o cordeiro do holocausto. E os dois continuaram andando juntos. Chegados ao lugar indicado, Abraão ergueu ali o altar, colocou lenha em cima, amarrou o filho e o pôs sobre a lenha do altar. Tomou a faca para imolar o filho. Mas o anjo do Senhor interrompe a ação de Abraão, dizendo-lhe que, pelo ato, sabe que ele ama a Deus. Enquanto caminhavam, ambos iam igualmente perigosos, o pai porque ia matar, e o filho porque ia morrer. Mas não iam igualmente conscientes. O pai estava consciente da morte do filho, e o filho ignorava que seria sacrificado pelo pai. Ambos caminhavam o mesmo caminho, ambos andavam os mesmos passos. Mas o conhecimento e o merecimento eram diversos. Abraão caminhava, sabendo. Isaac caminhava, ignorando. Abraão sabia do sacrifício que daria ao filho. Isaac não sabia que seria sacrificado pelo pai. Abraão obedeceu, sabendo. Isaac obedeceu, ignorando. Abraão conhecia o fim onde havia de parar, amando. Isaac não conhecia o fim onde havia de parar, amando. A ignorância do amante que não sabe o fim onde há de parar, diminui o merecimento de seu amor. Siquém não amaria Dina, se antevisse a morte que o aguardava: assassinado pelos irmãos de Dina (Gênese 34). Sansão não amaria Dalila, se antevisse a traição que o aguardava: Dalila revela aos filisteus o segredo da força de Sansão (Juízes 16). Ámon não amaria Tamar se antevisse a vingança que sofreu de Absalação: Ámon violentou sua meia-irmã Tamar e foi assassinado pelo seu irmão Absalação (2 Samuel 13). O sermonista conclui com a tese que quer demonstrar: só Cristo amou, sabendo que seu amor o levaria à morte. Reforça sua tese com versículos do Salmo 103 de David: "É ele (o Senhor) que fez a lua para marcar os tempos, e o sol conhece seu ocaso". O sol conhece seu ocaso. Vieira, como faz sempre, faz a interpretação do texto bíblico em direção à comprovação de sua tese. O sol é criatura irracional e insensível. Certamente, o orador conhece as ideias aristotélicas que divide as criaturas em racionais e sensíveis, sensíveis e irracionais e insensíveis e irracionais. Ora, se o sol é criatura irracional e insensível como pode conhecer ele o seu ocaso? Santo Agostinho responde a pergunta: "o ocaso de Cristo é a Paixão de Cristo. Mas acaso o sol põe-se para não voltar a nascer? Acaso quem dorme não volta a levantar-se? Que significa, porém, reconheceu o seu ocaso, senão que consentiu em morrer? Foi por sua vontade que recebeu a cruz e a morte". Então, para Santo Agostinho e Vieira, sol é a metáfora da Luz Divina. O sol conheceu o seu ocaso. Ocaso é o pôr do sol. O sol se põe no ocidente. Etimologicamente, ocidente é o lugar onde o sol morre. Occidere(ob+cado-morrer), no supino occassum. Zênite é o ponto mais elevado da esfera celeste. A cada lugar da terra, o Zênite é encontrado pela vertical levantada desse lugar. A luz do sol é a metáfora da luz divina com a mesma velocidade com que sobe ao zênite, vai buscar a morte, precipitando-se no ocidente.

O amor mundano não conhece a si mesmo, não conhece a quem se ama, não conhece o fim onde há de parar, amando. São as quatro circunstâncias em um amante que diminuem muito a perfeição e o merecimento de seu amor. Não assim o amor de Cristo. Ama, conhecendo-se a si mesmo; ama, conhecendo o amante; ama, conhecendo o amor e ama consciente como o sol que do zênite se precipita no ocidente, conhecendo o fim onde há de parar, amando.

A Título de Intertextualidade

Respostas na Sombra

Olavo Bilac

"Sofro... Vejo envasado em desespero e lama
Todo o antigo fulgor, que tive na alma boa;
Abandona-me a glória; a ambição me atraiçoa;
Que fazer, para ser como os felizes?"
- Ama!

"Amei... Mas tive a cruz, os cravos, a coroa
De espinhos, e o desdém que humilha, e o dó que infama;
Calcinou-me a irrisão na destruidora chama;
Padeço! Que fazer, para ser bom?"
- Perdoa!

"Perdoei... Mas outra vez, sobre o perdão e a prece,
Tive o opróbrio; e outra vez, sobre a piedade, a injúria;
Desvairo! Que fazer, para o consolo?"
- Esquece!

"Mas lembro... Em sangue e fel, o coração me escorre:
Ranjo os dentes, remordo os punhos, rujo em fúria...
Odeio! Que fazer, para a vingança?"

- Morre!

Soneto parnasiano de doze sílabas poéticas – versos alexandrinos, em que o sujeito lírico dialoga com sua consciência. No primeiro quarteto, o poeta busca a felicidade e apela que lhe dê os meios para conquistá-la. Diz que sofre, já que todo o brilho e resplendor da alma se veem envasilhados em desespero e lama. A solução apontada é o amor. Então, o amor é a busca da felicidade. "Ama e sê feliz", responde-lhe a consciência. No segundo quarteto, o poeta informa à sua consciência que, daquele amor, resultou sofrimento desumano (cruz, cravos, coroa de espinhos). Compara seu sofrimento ao martírio de Cristo. Acrescentam-se ao martírio o desdém e o dó. O desdém recebe da amada. Desprezo com orgulho e altivez humilhantes. Segue ao desdém o dó que o desonra, tornando-o infame, vil, torpe, abjeto e desprezível. A zombaria e o desprezo, o escárnio e o menosprezo reduziram a cal no fogo da paixão, a alma do poeta. É o sofrimento. O poeta padece. Já que o amor lhe sufocou a alma, busca agora a bondade. Que fazer? "Perdoa", lhe responde a consciência. Perdoa a cruz, os cravos, a coroa de espinhos, o desdém e a infâmia. No primeiro terceto, o poeta diz que perdoou mas ao perdão seguiu uma profunda ignomínia. Ao perdão e à prece seguiram a desonra e a infâmia. O poeta alucina e endoidece. Onde buscar consolo? "No esquecimento", lhe diz a consciência. No último terceto, confessa a impossibilidade de esquecer. O coração lhe arde em sangue e fel. Range os dentes (tal qual as almas de Dante Alighieri no inferno) remorde os punhos (tal qual Hamlet de *Shakespeare*), ruge em fúria (tal qual o leão raivoso solta rugidos). Sobra-lhe o ódio. Como vingar? Diz-lhe a consciência. "Morre". O amor seria o remédio para o sofrimento. O perdão seria o remédio para o amor infeliz. O esquecimento seria o remédio para o inócuo perdão. A morte é o remédio para todos os males.

Não queres sofrer? Ama.
Não queres padecer? Perdoa.
Não queres desvairar? Esquece.
Não queres recordar? Morre.

Estaria o poeta consciente do fim onde haveria de parar, amando? Do amor resultam a cruz e o desdém. Do perdão, resultam o opróbrio e a loucura. Do esquecimento, resultam o ódio e a lembrança. Da vingança, resulta a morte. O sujeito lírico busca a morte porque amou. O amor foi só ocasião, e a ignorância sua causa. A morte não lhe poderá dar, sobre o túmulo, o epitáfio de amante.

Leitura Complementar

Texto I - Sermão do Mandato
Pregado em Lisboa, no Hospital Real, no ano de 1643

"Os olhos são as frestas do coração, por onde respira, e daqui vem que o coração na presença, em que tem abertos os olhos, por eles evapora e exala os afetos; porém, na ausência, em que os têm tapados pela distância, que lhe sucede? Assim como o vaso sobre o fogo, que, tapado e não tendo por onde respirar, concebe maior calor, e o reconcentra todo em si, e talvez rebenta, assim o coração ausente, faltando-lhe a respiração da vista, e não tendo por onde dar saída ao incêndio, recolhe dentro em si toda a força e ímpeto do amor, o qual cresce naturalmente, e se acende e adelgaça, de sorte que, não cabendo no mesmo coração, rebenta em maiores e mais extraordinários efeitos."

Texto II – Sermão Segundo do Mandato
Pregado no mesmo dia na Capela Real, às três horas da tarde (1655)

"Vieram duas mulheres diante de Salomão, com uma demanda notável. Traziam consigo dois meninos, um morto, outro vivo: o vivo cada uma dizia que era seu filho, o morto cada uma dizia que o não era. Que faria o grande rei nesta perplexidade? Dividite infantem vivum: Parta-se o menino vivo pelo meio, e leve cada uma a sua parte - Ouvida a sentença, uma das mulheres consentiu e disse, parta-se, a outra não consentiu, e disse, viva o menino, e leve-o embora minha competidora. E qual destas duas era a verdadeira mãe? A que disse, viva o menino. Assim o julgou Salomão, e assim era: porque a que disse, morra, mostrou que não amava; a que disse viva provou que amava, e da que amava o menino desta era filho... A mãe do vivo amava-o tanto, que o quis vivo, ainda que ficasse alheio: a mãe do morto amava-o tão pouco que antes queria o morto seu que vivo alheio."

Texto III – Sermão Segundo do Mandato
Pregado no mesmo dia na Capela Real, às três horas da tarde (1655)

"Sedulio, padre antigo, e poeta ilustre da Lei da Graça, conta um caso admirável. Foi à caça um famoso tirador da Thessalia, e deixou um filho pequeno ao pé de uma árvore, enquanto se meteu pelas brenhas. Quando tornou, viu que estava enroscada uma serpente no menino. E que conselho tomaria o pai em um caso tão perigoso? Se atirava a serpente, arriscava-se a matar o filho; se lhe não atirava, mordia a serpente o menino e matava-o. A resolução foi, que embebeu uma seta no arco e mediu a corda com tanta certeza, e pesou o impulso com tanta igualdade que, matando a serpente, não tocou no menino. Pasma Sedulio da felicidade do tiro, e diz assim: Ars fuit esse patrem: Não cuide ninguém que foi isto destreza da arte: foi ser pai."

Texto IV - Sermão Segundo do Mandato
Pregado no mesmo dia na Capela Real, às três horas da tarde (1655)

"Quando o pai recebeu o filho Pródigo com tanta festa, e matou o vitelo regalado (que eram as delícias naturais daquele bom tempo) para lhe fazer o banquete, o filho mais velho, que estava fora, e teve notícia do que passava, se mostrou tão sentido e queixoso que, para entrar em casa, foi necessário que o pai saísse a o buscar e dar-lhe satisfações. E quem era este pai e estes dois filhos? O pai era o Eterno Padre; o Filho mais velho, Cristo que, enquanto Deus, foi gerado ab aeterno; e o filho mais moço o homem, que foi criado em tempo. Pois, se o Filho mais velho era Cristo, como se mostra tão sentido dos favores e regalos que o pai fez ao mais moço, que não só parece lhe tem inveja, senão ainda ciúmes do amor do mesmo pai? A razão, é porque, consideradas todas as circunstâncias do mistério da Encarnação do Verbo e redenção do gênero humano, são tais os excessos que Deus fez pelo homem, e a diferença com que tratou a seu Filho, que, se o Filho de Deus fora capaz de invejas, e no amor de Deus houvera lugar de ciúmes, tivera o Filho grandes ciúmes do amor do Padre, e grandes invejas também ao favor e regalo com que tratou os homens.

O regalo do vitelo morto para o banquete é o de que o filho maior se mostrou mais queixoso, e o que particularmente lançou em rosto ao pai. Mas tende mão, magoado e inocente filho, tende mão na vossa justa dor e sentimento, que a ocasião da queixa, do ciúme e da inveja ainda se não declarou nem mostrou até onde há de chegar. Dizei-me se, em lugar do vitelo, que vosso pai matou para vosso irmão, vos matara a vós, para da vossa carne e do vosso sangue lhe fazer um novo prato, que excesso nunca visto seria este? Pois, sabei que assim há de ser, e que dessa mesma carne e desse mesmo sangue, que hoje tomastes, lhe há de guisar a onipotência, a sabedoria e o amor de vosso Padre um tão esquisito manjar, que não tenha comparação com ele o maná do céu."

Texto V – Sermão do Mandato
Pregado em Roma na Igreja de Santo Antônio dos Portugueses. Ano 1670.

"O amor essencialmente é união, e naturalmente a busca; para ali pesa, para ali caminha, e só ali pára. Tudo são palavras de Platão e de Santo Agostinho. Pois se a natureza do amor é unir, como pode ser efeito do amor o apartar? Assim é, quando o amor não é extremado e excessivo. As causas excessivamente intensas produzem efeitos contrários. A dor faz gritar, mas se é excessiva, faz emudecer; a luz faz ver, mas se é excessiva, cega; a alegria alenta e vivifica, mas se é excessiva mata. Assim o amor: naturalmente une, mas se é excessivo, divide. *Fortis est ut mors dilectio*: O amor, diz Salomão, é como a morte. - Como a morte, rei sábio? Como a vida. dissera eu. O amor é união de almas: a morte é separação da alma; pois se o efeito do amor é unir, e o efeito da morte é separar, como pode ser o amor semelhante à morte? O mesmo Salomão se explicou. Não fala Salomão de qualquer amor, senão do amor forte: *Fortis est ut mors dilectio;* e o amor forte, o amor intenso, o amor excessivo produz efeitos contrários. É união, e produz apartamentos. Sabe-se o amor atar, e sabe-se desatar como Sansão: afetuoso, deixa-se atar; forte, rompe as ataduras. O amor sempre é amoroso, mas umas vezes é amoroso e unitivo, outras vezes amoroso e forte. Enquanto amoroso e unitivo, ajunta os extremos mais distantes: enquanto amoroso e forte, divide os extremos mais unidos. Quais são os extremos mais distantes e mais unidos que há no mundo? O nosso corpo e a nossa alma. São os extremos mais distantes, porque um é carne, outro espírito; são os extremos mais unidos, porque nunca jamais se aportam. Juntos nascem, juntos crescem, juntos vivem; juntos caminham, juntos páram, juntos trabalham, juntos descansam; de noite e de dia, dormindo e velando, em todo o tempo, em toda a idade, em toda a fortuna; sempre amigos, sempre companheiros, sempre abraçados, sempre unidos. E esta união tão natural, esta união tão estreita, quem a divide? A morte. Tal é o amor: *Fortis est ut mors dilectio*. O amor, enquanto unitivo, é como a vida; enquanto forte, é como a morte. Enquanto unitivo, por mais distantes que sejam os extremos, ajunta-os; enquanto forte, por mais unidos que estejam, aparta-os"

Texto VI – Sermão do Mandato
Pregado na Capela Real, no ano de 1645

"E senão façamos esta questão: Que é o que mais deseja, e mais estima o amor: Ver-se conhecido ou ver-se pago? É certo que o amor não pode ser pago, sem ser primeiro conhecido: mas pode ser conhecido, sem ser pago: e considerando divididos estes dois termos, não há dúvida que mais estima o amor e melhor que lhe está ver-se conhecido, que pago. O mais seguro crédito de quem ama, é a confissão da dívida no amado: mas como há de confessar a dívida quem a não conhece! Mas lhe importa logo ao amor o conhecimento, que a paga; porque a sua riqueza é ter sempre endividado a quem ama.
Quando o amor deixa de ser credor, só então é pobre. Finalmente, ser tão grande o amor que se não possa pagar é a maior glória de quem ama: se esta grandeza se conhece, é glória manifesta: se não se conhece, fica escurecida, e não é glória: logo muito estima o amor, e muito mais deseja, e muito mais lhe convém a glória de conhecido, que a satisfação de pago."

Bibliografia

Curso de Literatura
Jorge Miguel - Editora Harbra

Curso de Literatura I - Das origens do Arcadismo
Jorge Miguel - Editora Harbra

Curso de Literatura II - Do Romantismo ao Simbolismo
Jorge Miguel - Editora Harbra

Curso de Literatura III - Modernismo
Jorge Miguel - Editora Harbra

Curso de Redação
Jorge Miguel - Editora Harbra

Curso de Língua Portuguesa
Jorge Miguel - Editora Harbra

Estudos de Língua Portuguesa
Jorge Miguel - Editora Harbra

História de Antônio Vieira - Tomos I e II
João Lúcia de Azevedo - Alameda Casa Editora

Padre Antônio Vieira
Hernâni Cidade - Editorial Presença

Padre Antônio Vieira - 400 anos depois
Lélia Parreira Duarte, Maria Theresa Abelha Alves - Editora PUC Minas

Padre Antônio Vieira - O Texto em Análise
Antônio Afonso Borregana - Texto Editora

Padre Antônio Vieira e o Sermão de Santo Antônio aos Peixes
Francisco Martins - Areal Editores

Sermão de Santo Antônio aos Peixes - Padre Antônio Vieira
Prosa Barroca, Lígia Arruda - Edições Bonanza

Padre Antônio Vieira - Análise Comentada do Sermão de Santo Antônio aos Peixes
Helena Pires Nunes, Maria das Dores Marques - Sebenta Editora

Sermão de Santo Antônio aos Peixes de Padre Antônio Vieira - Análise da Obra
Fernanda Carrilho - Texto Editora

Sermão da Sexagésima: Uma arena de vozes
Dissertação apresentada à Banca Examinadora – PUC/SP - Lucimara de Oliveira

Argumentação e Persuasão: O Sermão da Sexagésima do Padre Antonio Vieira
Programa de Estudos Pós-Graduados PUC/SP - Sangria de Melo

Retórica e Pregação Religiosa no Sermão da Sexagésima de Padre Antônio Vieira
Programa de Pós-Graduação. Universidade de Santa Cruz do Sul
Roberto Teodoro Jung - Sermões – Tomo I
Padre Antônio Vieira
Centro de Estudos de Filosofia – Imprensa Nacional da Moeda-Lisboa

Sermão e Carta - Padre Antônio Vieira - Coleção Portugal
Joaquim Ferreira - Editora Porto

Sermões
Alcir Pécora - Editora Hedra

"Padre Antônio Vieira" - Um Esboço biográfico
Clóvis Bulcão - José Olímpio Editora

Obra Completa Padre Antônio Vieira
Direção de José Eduardo Franco e Pedro Calafate - Tomo II – Volume IV

Sermão e Carta de Padre Antônio Vieira - Coleção Portugal
Joaquim Ferreira, Domingos Barreira – Editor – Porto

Respostas às Questões e Crédito

Poema à mãe
A – Questões 1 / 9
B – Questões 3 / 5
C – Questões 4 / 10
D – Questões 6 / 8
E – Questões 2 / 7

Crédito
As questões de 1 a 3 foram elaboradas com apoio no Livro "Para uma leitura de 7 poemas contemporâneos", Antônio Muniz – Coleção Texto de Apoio – Editora Presença.

Quando o sol encoberto vai mostrando
A – Questões 1 / 2 / 5 / 9
B – Questões 10 / 11 / 13
C – Questões 3 / 6 / 7 / 14
D – Questões 4 / 8
E – Questão 12

Crédito
As questões de 1 a 6 foram elaboradas com apoio no Livro "Camões Líricos", Antônio Afonso Borregana, Texto Editora – Lisboa, páginas 31 a 33.

Vem sentar-te comigo, Lidía, à beira do rio.
A – Questões 1 / 6 / 7 / 9
B – Questões 2 / 13 / 14 / 20
C – Questões 3 / 11 / 17 / 18
D – Questões 5 / 8 / 12 / 15
E – Questões 4 / 10 / 16 / 9

Crédito
As questões de 1 a 4 e 7, 9, 14, 18, 19 e 20 foram elaboradas com apoio no Livro "Introdução à Leitura de Fernando Pessoa e Heterônimos", Avelino Soares Cabral, Edições Sabenta - Lisboa, páginas 63 a 68.

Cegueira do Amor
A – Questões 1 / 6 / 9 / 13 / 14
B – Questão 2
C – Questões 5 / 10
D – Questões 4 / 11 / 12
E – Questões 3 / 7 / 8 / 15

Crédito
As questões 2, 3, 4, 6, 7, 9, 11 e 15 foram elaboradas com apoio no Livro "Para uma Leitura da poesia Neoclássica e pré-romântica", José Cândido Martins, Editorial Presença – Lisboa, páginas 76 a 78.

COLEÇÃO INDISPENSÁVEL PARA CONCURSOS E VESTIBULARES

REDAÇÃO, INTERPRETAÇÃO DE TEXTOS E ESCOLAS LITERÁRIAS

ANÁLISE COMENTADA - POEMAS DE FERNANDO PESSOA E DE HETERÔNIMOS

ANÁLISE COMENTADA - SERMÃO DE SANTO ANTÔNIO AOS PEIXES DE PADRE ANTÔNIO VIEIRA

ANÁLISE COMENTADA - SERMÃO DA SEXAGÉSIMA DE PADRE ANTÔNIO VIEIRA

ANÁLISE COMENTADA - A POESIA LÍRICA CAMONIANA

DVS EDITORA

www.dvseditora.com.br